Wir sagen Ja

&

NUCLEO

Fragen, Anregungen, Feedback?

Schreibe uns an **info@nucleo-verlag.de** oder besuche uns im Web auf **nucleo-verlag.de**

Edition 2.0.1B

Autorin:
Lisa Marie Bopp

Verlag:
Nucleo – ein Label der my dna media GmbH
Ohmstr. 53
60486 Frankfurt am Main

ISBN:
978-3-98561-011-2

Druck:
Libri Plureos GmbH
Friedensallee 273
22763 Hamburg

Liebes Brautpaar,

wenn ihr dieses Buch aufschlagt, ist erst einmal Folgendes angebracht: herzlichen Glückwunsch!

Anscheinend seid ihr verlobt und wollt jetzt eure Hochzeit planen.

So schön eine Hochzeit und die dazugehörige Feier auch sein mag, die Planung des Ganzen kann sehr stressig werden und den ein oder anderen in den Wahnsinn treiben. Aber keine Sorge: damit das nicht geschieht, habt ihr ja jetzt den „Hochzeitsplaner mit Köpfchen".

Dieses Buch wird euch dabei helfen, eure gesamte Hochzeitsplanung kompakt und immer griffbereit an einem Ort festzuhalten. Es wird euch außerdem mit Rat und Tat zur Seite stehen. Ihr bekommt Tipps, Ratschläge und Entscheidungshilfen. Das nimmt euch die Angst, irgendeinen Punkt vergessen zu haben und spart euch nerviges Nachlesen und Recherchieren – das haben wir ja schon für euch erledigt!

Den Verlauf der Planung und eure finalen Entscheidungen könnt ihr direkt hier im Buch eintragen. Zu jedem Thema erhaltet ihr passende Planungsseiten, auf denen ihr Checklisten abhakt, Sitzordnungen festlegt, Listen erstellt und noch viel, viel mehr. Habt dabei keine Angst, auf den Seiten Notizen zu machen, Dinge zu unterstreichen oder zu markieren. Dieses Buch ist extra dafür gedacht und bietet euch genügend Platz für eure persönlichen Anmerkungen. Ihr könnt auch gesammelte Notizen und Bilder hineinlegen oder Merkzettel einkleben. Nutzt das Buch so wie ihr es braucht und wie es für euch am angenehmsten ist.

Falls ihr noch zusätzlichen Platz braucht oder einfach im Vorfeld verschiedene Möglichkeiten ausprobieren wollt, findet ihr die Vorlagen auch online. Dazu könnt ihr einfach den QR-Code scannen und euch die Listen, Pläne und Übersichten kostenlos herunterladen. In dieser Online-Sammlung findet ihr auch einen Kalender, in den ihr alle eure Termine und Erledigungen eintragen könnt.

So steht eurer Traumhochzeit nichts mehr im Weg!

Weitere Vorlagen zum Ausdrucken auf:

https://nucleo-verlag.de/hochzeitsplaner

Inhalt

Start der Planung

Generelles Vorab 10
Die Checkliste 11
Das Hochzeitsdatum 14
Die Trauung 15
Das Standesamt 15
Die kirchliche Trauung 17
Die freie Trauung 18
Hochzeitsmotto oder -stil 19
Die Farbgebung 20

Budget

Was kostet eine Hochzeit? 22
Beispielrechnung 23
Spartipps 24
„Save the Date"-Karten 24
Location 25
Catering 25
Getränke 26
Dienstleister aus der Nähe 26
Gästeunterbringung 27
Dekoration 27
Blumen 28
Brautmode 29
Angebote vergleichen! 29
Der Budget-Plan 30
Unser Budget-Plan 31

Gäste & Trauzeugen

Trauzeugen 36
Wer bekommt den Job? 37
To-Dos für die Trauzeugen 38
Die NOTFALL-Tasche 39
Die Gästeliste 40
Unsere Gästeliste 42
Eine Hochzeit mit Kindern 50
Die Sitzordnung 52
Unsere Sitzordnung 53
Alles für die Gäste 57
Unterbringung und Hotels 57
Shuttle-Service 58
Gastgeschenke 58
Gästebuch 58

Location & Catering

Location 62
Wo feiert es sich am besten? 63
Die Lage 64
Die Leistungen 66
Budget 68
10 Fragen an die Location 69
Mögliche Locations 70
Catering 73
Buffet oder Menü? 73

Selbst ist das Brautpaar! 74
Mögliche Caterer 75
Die Menüauswahl 78
Unser Hochzeitsmenü 79
Fingerfood 80
Mitternachts-Snack 81
Die Hochzeitstorte 82
Unsere Hochzeitstorte 83
Mögliche Konditoren 84
Getränke 85
Kaffee und Tee 85
Der Sektempfang 85
Service-Personal 86

Fotos, Musik und Moderation

Die wichtigsten Dienstleister 88
Papeterie/Druckerei 89
Trauredner 89
Fotograf 90
Videograf 91
Musiker 91
Moderator 92
Florist 93
Friseur & Visagist 93
Foto und Musik im Detail 94
Der Fotograf 94
Die Musik 95
Unsere Musikwünsche 96
Das Lied zum Hochzeitstanz 97
Angebote 98
Dienstleister-Übersicht 104

Der Ablauf des großen Tages

Die Vorbereitungen 112
To-Do-Liste 112
Das Getting-Ready 114
Zeitplan Braut 114
Zeitplan Bräutigam 115
Traditionen und Bräuche 116
Unsere Traditionen und Bräuche 120
Spiele 121
Reden 124
Der Ablauf-Plan 125
Unser Tagesablauf 126

Brautmode

Mode für Sie 130
Die Kleid-Checkliste 131
Das Brautmodengeschäft 132
Hier finde ich mein Kleid 132
Mode für Ihn 133
Die Anzug-Checkliste 133
Der Herrenausstatter 134
Hier finde ich meinen Hochzeitsanzug 134

Papeterie und Gelöbnisse

Die Papeterie 136

„Save the Date"-Karten 137

Was muss rein? 137

Einladungen 138

Was muss rein? 138

Der Einladungstext 139

Unser Einladungstext 140

Das Hochzeits-ABC 141

Was sonst noch rein kann 142

Geschenkwünsche 143

Hochzeitstisch 144

Antwortkarten 145

Alles für die Sitzordnung 146

Platzkarten 146

Tischnummern 146

Sitzplan 146

Menükarten 147

Speisekarten 147

Getränkekarten 147

Hefte 148

Kirchenheft 148

Programmheft 148

Wegweiser und Schilder 149

Wegweiser 149

Willkommensschild 149

Andere Schilder 150

Gästebuch 150

Dankeskarten 151

Was muss rein? 151

Die Danksagung 151

Das Hochzeitsfoto 151

Gelöbnisse 153

Nach der Hochzeit

Checkliste: nach der Hochzeit 158

Geschenkeliste 159

Hochzeitsfotos teilen 161

Dankeskarten verschicken 161

Namensänderung mitteilen 162

Checkliste Namensänderung 162

Banken und Konten 163

Dienstleister bewerten 163

After-Wedding-Shooting 163

Hochzeitsalbum 163

Testament anpassen 164

Patientenverfügung 164

Hochzeitsreise 165

Kosten 165

Reisezeitraum 165

Was wollt ihr erleben? 166

Unser Reiseziel 166

Notizen

Start der Planung

So gelingt die Traumhochzeit!

Datum festlegen, Motto aussuchen, Gäste informieren, Dienstleister vergleichen. Für eine Hochzeit ist wirklich einiges an Planung nötig. Wo fängt man da bloß an?

Zuerst einmal solltet ihr tief durchatmen. Ja, es kann stressig werden, aber es wird auch der schönste Tag in eurem Leben! Also ruhig bleiben und alles nach und nach und zu seiner Zeit erledigen.

Generelles Vorab

Bevor ihr euch jetzt in die Planung stürzt, wollen wir vorab ein paar grundlegende Dinge festhalten.

- Plant euren Tag gemeinsam.
- Die Ehe besteht aus Kompromissen.
  Ihre Planung auch.
- Es ist euer Tag.
- Seid offen.
- Bleibt entspannt.

Was wollen wir euch damit sagen? Die Hochzeitsplanung ist nicht immer einfach. Trotzdem solltet ihr dem Ganzen mit Ruhe und Gelassenheit begegnen. Euch selbst zu stressen, hilft ja am Ende doch nichts.

Auch wenn es sicherlich den ein oder anderen Punkt gibt, in dem ihr euch uneinig seid: sprecht darüber. Ein paar kleine Streitigkeiten können dabei schon entstehen. Vergesst aber nicht, dass ihr den Tag für euch plant. Er soll euch verbinden, nicht trennen. Ab und zu müssen eben Kompromisse gefunden werden.

Außerdem ist ganz wichtig: lasst euch nicht reinreden. Familie und Freunde haben sicher sehr viele Ideen und Beiträge zu eurer Planung. In vielen Fällen kann das auch helfen, manchmal aber müsst ihr euren Liebsten auch ganz klar sagen, dass es EURE Hochzeit ist – nicht die eurer Gäste, Familien oder Freunde.

Tipp

Schließt eure Familien nicht komplett aus der Planung aus. Zum einen freuen sie sich für euch und wollen alles miterleben, zum anderen könnt ihr von ihren Erfahrungen profitieren.

Häufig bestehen ja schon vor der Verlobung bestimmte Vorstellungen, wie die eigene Hochzeit einmal aussehen soll. Wichtig ist aber, euch nicht zu sehr auf konkrete Wünsche zu versteifen. Manche Dinge sind einfach schwer umzusetzen, an andere habt ihr vielleicht noch gar nicht gedacht. Seid also stets offen für neue Ideen. Vielleicht werdet ihr ja positiv überrascht.

Das Wichtigste zum Schluss: bleibt entspannt. Auch wenn vielleicht nicht immer alles ganz nach Plan verläuft, das Beste daraus machen, könnt ihr immer. Sich an Kleinigkeiten aufzuhalten, macht euch nur wahnsinnig und in den meisten Fällen seid ihr ohnehin die Einzigen, denen die kleinen Details überhaupt auffallen. Nehmt sie also nicht zu ernst.

Die Checkliste

Damit ihr einen Eindruck bekommt, um was sich alles gekümmert werden muss, und wann welche Aufgabe am besten in Angriff genommen wird, haben wir eine Checkliste für euch zusammengestellt. Darauf findet ihr alles, was bis zur Hochzeit erledigt werden muss.

Möglicherweise erscheint das auf den ersten Blick viel. Aber keine Sorge, die Liste ist deshalb so ausführlich, damit ihr auch die Kleinigkeiten nicht vergesst. Einige der Punkte sind ohnehin mehr als spaßige Angelegenheit denn als Arbeit zu betrachten – Stichwort: Brautmode oder Hochzeitsreise.

Diese Checkliste könnt ihr im Laufe der Zeit nach und nach abhaken. Sie dient euch als Orientierungshilfe, zu der ihr immer wieder zurückkehren könnt. Zu jedem Punkt erfahrt ihr im Laufe des Buches die Einzelheiten. Keine Panik also, wenn ihr mit manchen Punkten noch nichts anfangen könnt – spätestens am Ende dieses Buches, könnt ihr es.

12 bis 8 Monate vor dem großen Tag

- [ ] Hochzeitsdatum aussuchen
- [ ] Art der Trauung festlegen
- [ ] Budget festlegen
- [ ] Hochzeitsmotto oder -stil überlegen
- [ ] Gästeliste erstellen
- [ ] „Save the Date"-Karten versenden
- [ ] Trauzeugen festlegen/fragen
- [ ] Locations besichtigen und Angebote einholen
- [ ] Location buchen
- [ ] Catering-Firma engagieren
- [ ] Service-Personal beauftragen
- [ ] ______________________________
- [ ] ______________________________

Gut zu wissen

Ihr könnt die Liste natürlich auch gerne mit euren eigenen Einfällen und Planungsschritten erweitern.

8 bis 4 Monate vor dem großen Tag

- [ ] Termin beim Standesamt reservieren
- [ ] Hotel/Transport für Gäste organisieren
- [ ] Dienstleister buchen
- [ ] Brautkleid und Anzug aussuchen
- [ ] Tagesablauf festlegen
- [ ] Einladungen erstellen/versenden
- [ ] Junggesellenabschied/Polterabend planen
- [ ] Tanzstunden nehmen
- [ ] Songs für die Playlist sammeln
- [ ] ______________________________
- [ ] ______________________________

4 bis 2 Monate vor dem großen Tag

- [ ] Traugespräch führen
- [ ] Menü festlegen
- [ ] Hochzeitsreise buchen
- [ ] Blumendekoration bestellen
- [ ] Trauringe aussuchen
- [ ] Outfit festlegen
- [ ] Dekoration auswählen
- [ ] Hochzeitstorte bestellen
- [ ] Tagesablauf für den großen Tag erstellen
- [ ] Hochzeitsauto/-kutsche mieten
- [ ] Lied für den Hochzeitstanz festlegen
- [ ] ______________________________
- [ ] ______________________________

2 bis 1 Monat vor dem großen Tag

- [ ] Gastgeschenke organisieren
- [ ] Probetermine ausmachen
- [ ] Letzte Absprachen halten
- [ ] Sitzordnung erstellen
- [ ] Zusätzliche Papeterie bestellen
- [ ] ______________________
- [ ] ______________________

2 bis 1 Woche vor dem großen Tag

- [ ] Schuhe einlaufen
- [ ] Dokumente bereitlegen
- [ ] Maniküre/Pediküre/Massage
- [ ] NOTFALL-Tasche packen
- [ ] Koffer für die Hochzeitsreise bereitlegen
- [ ] ______________________
- [ ] ______________________

Das Buch führt euch mit jedem Kapitel durch die wichtigsten Schritte der Planung. Von der Organisation und der Suche nach Anbietern ganz am Anfang über die großen und kleinen Fragen zwischendurch bis hin zur Planung eures großes Tages samt Zeitplan und Outfit – hier ist alles dabei.

Die Checkliste sorgt dafür, dass ihr dabei den Überblick behaltet und zu jedem Zeitpunkt wisst, was noch erledigt werden muss. Seht sie also am besten als eine Art Spickzettel, auf den ihr immer wieder zurückgreifen könnt.
Ihr werdet sehen: die einzelnen Punkte haken sich schneller ab, als ihr denkt!

Das Hochzeitsdatum

Eine der ersten Entscheidungen, die ihr treffen müsst, gilt dem Datum eures großen Tages.

Obwohl immer sehr viel Trubel um diese Entscheidung gemacht wird, ist sie eigentlich ganz leicht. Zuerst solltet ihr euch fragen, ob es ein bestimmtes Datum oder eine bestimmte Zahl gibt, mit der ihr etwas Schönes verbindet. Das Datum eures Kennenlernens zum Beispiel. Oder der Tag eurer Verlobung. Natürlich funktioniert auch die Trikot-Nummer eures Lieblingssportlers. Ganz egal.

Falls ihr eine solche Zahl habt, könnt ihr versuchen, daraus ein Datum zu machen.

Falls ihr kein besonderes Datum ins Auge gefasst habt, macht das nichts. Vielleicht ist es sogar besser – zumindest für die Planung. Ihr seid damit flexibel und könnt euch auch noch spontan einen Tag aussuchen, der euch gefällt. Wochenenden bieten sich natürlich immer besonders an, weil eure Gäste und ihr selbst dann nicht extra einen Urlaubstag eintragen müsst.

Solltet ihr euch für eine Schnapszahl als Datum entscheiden (z. B. 02.02.2022), dann solltet ihr mit eurer Planung sehr schnell sein. Diese besonderen Daten sind nämlich sehr gefragt und entsprechend schnell bei sämtlichen Locations und dem Standesamt ausgebucht.

Natürlich spielt auch der jeweilige Monat, in dem ihr heiraten wollt, eine große Rolle. Die Hauptsaison für Hochzeiten ist etwa von Mai bis September. Diese Monate sind sehr beliebt, viele andere Paare werden also ebenfalls für diese Zeit planen und euch dabei möglicherweise etwas vor der Nase wegschnappen.

Gut zu wissen

Im besten Fall sucht ihr euch gleich mehrere Daten aus. So könnt ihr später bei der Location- und Dienstleister-Suche flexibel bleiben und so eure Chancen erhöhen, dass euer Favorit noch einen Termin für euch frei hat.

Unser Hochzeitsdatum

Habt ihr ein Datum (oder mehrere) gefunden?

Tragt sie hier ein!

____

____

____

Tipp

Legt euch beim Planen des Datums unbedingt einen Kalender an die Seite. So könnt ihr direkt sehen, ob der Tag eurer Wahl auf ein Wochenende fällt, oder ihr euch damit unter der Woche befindet.

Die Trauung

Habt ihr euch schon Gedanken darüber gemacht, wie ihr heiraten wollt? In der Kirche? Eine freie Trauung? Oder genügt euch die standesamtliche Hochzeit?

Für den Fall, dass ihr beide der gleichen Religion angehört, habt ihr die freie Wahl. Falls nicht, gilt es, ein paar Dinge zu beachten.

Das Standesamt

In Deutschland ist eine Ehe nur dann rechtskräftig, wenn sie auch im Standesamt eingetragen wurde. Für gewöhnlich fordert auch die Kirche, in der ihr heiraten möchtet, eine vorangegangene standesamtliche Trauung.

Ihr könnt also gerne kirchlich heiraten oder eine freie Trauung zelebrieren – Standesamt muss trotzdem sein.

Dafür meldet ihr euch bei dem Standesamt eurer Gemeinde für die Eheschließung an. Falls ihr getrennt lebt, umziehen wollt oder euch ein anderes Standesamt einfach besser gefällt, habt ihr aber die Möglichkeit, im Nachhinein zu wechseln.

Es gilt also: beim heimischen Standesamt melden, bei einem Standesamt eurer Wahl heiraten.

Gut zu wissen

An zwei Dinge solltet ihr außerdem bei Ämtern denken:
1. Das Ganze kostet natürlich auch Gebühren.
2. Eventuelle Abschriften oder Beglaubigungen benötigen etwas Vorlauf. Plant also genügend Zeit mit ein, wenn ihr alle Dokumente zusammensucht.

Im Normalfall ist eine Anmeldung etwa sechs Monate im Voraus möglich – dies variiert aber von Amt zu Amt. Fragt daher am besten direkt bei eurem Standesamt nach.

Tipp

Die meisten Standesämter haben nicht sehr viel Platz für eure Gäste. Haltet die Anzahl eurer Begleiter also möglichst gering und fragt vorher, wie viel Platz vorhanden ist.

Die Eheschließung erfolgt dann recht simpel. Begleitet werdet ihr von euren Familien, euren Trauzeugen oder ein paar Freunden. Natürlich könnt ihr aber auch ohne Gäste getraut werden.

Folgende Dokumente müsst ihr bei der Trauung zur Hand haben:

- Gültiger Reisepass oder Personalausweis
- Beglaubigte Abschrift aus dem Geburtenregister (nicht älter als sechs Monate) und/oder Geburtsurkunde

Falls ihr nicht in der Stadt des Standesamts gemeldet seid, braucht ihr außerdem

- Erweiterte Meldebescheinigung)

Und dann gelten noch besondere Regeln, wenn …

- mindestens einer von euch davor bereits einmal verheiratet war.
- mindestens einer von euch adoptiert oder nicht in Deutschland geboren wurde.
- mindestens einer von euch noch nicht volljährig ist.
- mindestens einer von euch es nicht persönlich zum Standesamt kommen kann.
- mindestens einer von euch eine andere Staatsbürgerschaft als die deutsche innehat.
- ihr bereits gemeinsame Kinder habt.

Fragt für diese Fälle am besten direkt beim Amt nach, welche weiteren Unterlagen benötigt werden.

Sind alle Dokumente da und vom Beamten abgesegnet, beginnt eure Eheschließung. Der Beamte führt euch und eure Gäste in den Trausaal und hält für gewöhnlich eine kurze Rede, bevor er euch die alles entscheidende Frage stellt. Solltet ihr diese mit „Ja“ beantworten, tauscht ihr daraufhin eure Ringe aus und dürft euch zum ersten Mal als verheiratetes Paar küssen. Nun müsst ihr nur noch eure Heiratsurkunde unterzeichnen. Das war's.

Die kirchliche Trauung

Habt ihr das mit dem Standesamt hinter euch, kommt der etwas zeremoniellere Teil. Während im Standesamt für gewöhnlich recht simpel und bürokratisch gehandelt wird, ist die kirchliche Trauung weitaus näher am Menschen. Hier führt ihr vorab ein Traugespräch mit eurem Priester oder Pfarrer, der daraufhin eine auf euch abgestimmte und persönliche Traurede verfasst.

Dabei ist es egal, ob ihr katholisch oder evangelisch heiratet, die Rede und ein Gespräch zum Ablauf der Zeremonie gehören immer dazu.

Die Dokumente, die ihr benötigt, sind gleich:

- Gültiger Personalausweis beider Partner
- Taufschein mit Ledigennachweis
- Konfirmationsurkunde bzw. Firmungszeugnis
- Bei einer Trauung außerhalb eurer Heimatgemeinde: Dimissiorale/Entlassschein
- Falls ein Partner einer anderen Religion angehört: Dispens der Heimatgemeinde

Gut zu wissen

In der katholischen Kirche gelten teilweise noch zusätzliche Bedingungen. Informiert euch vorab, ob eine kirchliche Trauung dort für euch möglich ist.

Der spätere Ablauf ist ebenfalls ähnlich. Er startet mit dem Einzug des Brautpaars. Nach dem anschließenden Gottesdienst wird eure Traurede gehalten und euch die Frage gestellt, ob ihr den jeweils anderen heiraten möchtet. Daraufhin dürft ihr euch – sofern auch hier mit „Ja" geantwortet und die Ringe ausgetauscht wurden – als verheiratet ansehen.

Tipp

Auch Nicht-Getaufte können kirchlich heiraten, solange wenigstens einer der Partner der Kirche angehörig ist. Eventuell müsst ihr dann zwar ein wenig mehr für eure Trauung zahlen, wer eine kirchliche Trauung aber unbedingt erleben möchte, kann das auch tun.

Die freie Trauung

Strenggenommen ist die freie Trauung weder vor dem Gesetz noch vor Gott gültig. Sie dient vielmehr als Möglichkeit für diejenigen, die nicht kirchlich heiraten können oder möchten, neben dem Standesamt auch noch eine persönliche Zeremonie abzuhalten.

Da es aber keine Vorgaben für diese Art der Trauung gibt, stehen euch alle Optionen offen. Ihr könnt sie so ablaufen lassen, wie ihr das möchtet. Im Allgemeinen gibt es aber auch hier einen Trauredner, der etwas über euch erzählt und euch letztendlich die Frage der Fragen stellt. Weil die Antwort darauf aber keinen offiziellen Zweck hat, darf jeder sie stellen. Das bedeutet, ihr könnt euch auch von Freunden oder der Familie trauen lassen. Natürlich könnt ihr aber auch professionelle, sogenannte freie Redner dafür beauftragen.

Tipp

Manche Standesämter bieten an, die standesamtliche Trauung in eure freie Trauung zu integrieren. In diesem Fall ist euer Trauredner dann Beamter und darf euch offiziell und rechtskräftig trauen.

Wie wollt ihr getraut werden? Markiert es hier:

- ☐ standesamtlich
- ☐ kirchlich
- ☐ frei

Selbstverständlich könnt ihr auch mehrere Trauarten ankreuzen.

Hochzeitsmotto oder -stil

Wenn ihr euch für die Art der Trauung entschieden habt, ist es Zeit für die Wahl des Themas der anschließenden Feier.

Ihr könnt euch überlegen, ob es ein bestimmtes Motto gibt, das sich durch eure Hochzeit ziehen soll. Das könnte sich dann in Kleidung, Menü und Dekoration wiederfinden. Es muss natürlich nicht unbedingt ein festes Motto sein, sondern vielleicht auch einfach ein bestimmter Stil, der euch gefällt und an dem ihr euch orientieren könnt.

Selbstverständlich könnt ihr euch dafür auch das Internet, Filme oder Magazine zum Vorbild nehmen und eure Ideen daraus schöpfen. Falls ihr jetzt aber so gar keine Ahnung habt, was ihr euch eigentlich vorstellen sollt, haben wir hier ein paar Anregungen für euch.

Ihr könntet euch zum Beispiel überlegen, ob es ein bestimmtes Thema gibt, das euch miteinander verbindet. Motorradfahren, Mittelalterfeste oder eine bestimmte Filmreihe sind voll euer Ding? Warum nicht ein Motto daraus basteln?

Auch Urlaubsziele können ein Anhaltspunkt sein. Wenn ihr also die absoluten Strand-Liebhaber seid oder am liebsten alles im amerikanischen Stil halten wollt – macht ein Motto draus!

Natürlich könnt ihr auch ganz klassisch und elegant heiraten. Oder ihr nehmt den Boho-Stil in eure Hochzeit auf. Macht was euch gefällt!

Euer Motto, euren Stil oder einfach eure Ideen und Vorlieben könnt ihr hier eintragen:

____

____

____

____

____

Tipp

Ein bestimmter Dresscode gibt der Hochzeit ebenfalls ein Motto. Und für unvergessliche Fotos sorgt das auch!

Gut zu wissen

In den letzten Jahren sind vor allem Boho- und Greenery-Hochzeiten beliebt geworden. Boho leitet sich von Bohemian ab und steht für einen kunstvollen, leichten und lebensfrohen Lebensstil. Hier findet man vor allem Rattan, Holz und bunte Stoffe.

Greenery-Hochzeiten beschränken sich farblich auf weiß und grün. Manchmal sind auch noch Holz- oder Glas-Elemente dabei. Es geht darum, die Natur durch Efeu, Eukalyptus oder andere Grünpflanzen in die Dekoration zu integrieren.

Die Farbgebung

Wenn ihr euch für ein bestimmtes Motto oder einen Stil entschieden habt, geht häufig etwas damit einher: die Farbgebung.

Ihr könnt euch aber natürlich auch ganz ohne festes Thema aussuchen, in welchen Farben ihr eure Dekoration oder auch die Kleiderwahl eurer Gäste gerne sehen würdet.

Meistens ist weiß eine Farbe, die euch auf Hochzeiten begegnen wird. Aber auch eure Lieblingsfarbe oder einfach eine, die ihr euch gut bei eurer Hochzeit vorstellen könnt, darf hier ins Spiel kommen.

Für gewöhnlich besteht die Farbgebung bei einer Hochzeit aus zwei bis vier Farben. Warum? Ganz einfach: Ton in Ton ist langweilig. Und zu viel Verschiedenes, wirkt chaotisch.

Am besten ihr beschränkt euch auf wenige Farben, die zueinander passen.

Gut zu wissen

Die Farbgebung wird erst bei der Auswahl der Dekoration wirklich wichtig. Sie hilft euch aber auch schon vorab, euch eine genauere Vorstellung eures großen Tages zu verschaffen. Wenn ihr die Farben jetzt aber noch nicht entscheiden wollt oder könnt, ist das völlig in Ordnung.

Habt ihr schon Ideen für eure Farben auf der Hochzeit? Notiert sie am besten gleich!

Tipp

Wählt auf jeden Fall mindestens zwei Farben. Auch wenn es nur eine unterschiedliche Schattierung ist oder ihr euch für Hell- und Dunkelblau entscheidet. So umgeht ihr die Schwierigkeit, für alle Deko-Elemente den exakt gleichen Farbton finden zu müssen. Außerdem sorgt es für Abwechslung.

Budget

Lasst euer Sparschwein auch weiterhin lachen.

Es ist neben dem gestalterischen Teil wahrscheinlich der Punkt, der am meisten Planung bedarf: das Budget.

Es wird nicht gerne darüber gesprochen, aber es muss sein. Die Ausrichtung einer Hochzeit oder zumindest die Ansprüche, die ihr als Brautpaar an euren besonderen Tag stellt, können schon mal das Budget sprengen.

Damit das nicht passiert, und ihr trotzdem die Hochzeit eurer Träume erleben könnt, haben wir die passenden Ratschläge für euch. Hier erfahrt ihr, was eine Hochzeit im Schnitt kostet und an welchen Punkten man durch pfiffige Tricks sparen kann. Wenn ihr das alles wisst, erstellt ihr euren persönlichen Budget-Plan.

Was kostet eine Hochzeit?

Gut zu wissen

Lasst euch nicht zu sehr von großen Zahlen abschrecken. Bei den meisten Dingen gibt es Mittel und Wege, um zu sparen.

Kirche, Kleid, Catering, Blumen, Ringe und Musik. Das sind längst nicht alle Punkte, die bei einer Hochzeit nicht nur bedacht, sondern auch bezahlt werden wollen.

Meistens wird dem Brautpaar erst im Nachhinein bewusst, wie viele Kleinigkeiten da zusammenkommen. Da kann die Endrechnung schon mal für Kopfschmerzen sorgen.

Besonders für den großen Tag, der ja (hoffentlich) nur ein einziges Mal stattfindet, sind viele Brautpaare bereit, einiges springen zu lassen. Die finanziellen Mittel werden bis aufs Letzte ausgeschöpft, um auch ja den perfekten Tag zu kreieren.

Große Hochzeiten kosten da gerne mal 30.000 Euro. Viele sind sogar bereit, noch mehr auszugeben. Generell gilt für Hochzeiten: Nach oben ist dem Preis kein Limit gesetzt.

Tipp

Falls ihr im Freundeskreis schon verheiratete Paare habt, fragt ruhig mal nach, was deren Hochzeit gekostet hat. Eine ungefähre Angabe verschafft euch einen kleinen Überblick.

Wenn ihr jetzt schon Schnappatmung bekommt und euch fragt, ob ihr das wirklich wollt, können wir euch beruhigen. Es geht auch anders.

Mit weniger Gästen, einer nicht ganz so exklusiven Location, einem guten Catering-Angebot oder vielen Do-It-Yourself-Aspekten lässt sich einiges sparen und auch schon für unter 10.000 Euro eine schöne Hochzeit feiern.

Beispielrechnung

Wir gehen hier mal von einer etwas größeren Feier mit ca. 100 Gästen aus. Natürlich verwenden wir für unsere Rechnung die Durchschnitts-Kosten. Je nach Brautpaar kann da selbstverständlich einiges abweichen.

Manchen Paaren ist der Fotograf ein Vermögen wert, andere lassen die Summe beim Brautkleid in die Höhe schießen. Und wieder andere brauchen das gar nicht, wollen aber mit noch mehr Freunden zusammen feiern – und die brauchen Verpflegung. Ihr seht, es kann variieren. Und zwar stark. Nehmt die Rechnung also wirklich als das, was sie ist: ein Beispiel.

Gut zu wissen

Bei unserer Rechnung sind Extras wie eine Fotobox oder Candy-Bar nicht enthalten. Am besten ihr konzentriert euch erst auf die wichtigen Dinge und schaut dann, was das Sparschwein noch hergibt.

Beispiel für ca. 100 Personen:

Standesamt	150 €
Location & Catering	10.000 €
Musik (Band oder DJ)	1.600 €
Fotograf	1.600 €
Brautkleid & Accessoires	2.000 €
Bräutigam-Anzug & Accessoires	800 €
Blumen & Dekoration	1.000 €
Papeterie	500 €
Gesamtkosten	***17.650 €***

Tipp

Mit frühzeitigen Angeboten und reichlich Vergleichen lässt sich natürlich noch das ein oder andere sparen.

Spartipps

Am Anfang der Planung scheint meist alles wichtig. Was soll denn da gestrichen werden, um zu sparen? Nach und nach fallen aber immer mehr Dinge auf, die ihr gar nicht unbedingt benötigt. Außerdem muss nicht immer auf etwas verzichtet werden, wenn das Budget knapp wird. Durch ein paar leichte Anpassungen oder Tipps, die neue Ideen einbringen, können viele Wünsche oft doch noch umgesetzt werden.

Wir nennen euch hier also ein paar Beispiele, wie ihr das ein oder andere Sümmchen sparen könnt. Vielleicht wird es ja an anderer Stelle dringender benötigt? Oder ihr möchtet nicht jeden Cent umdrehen, um eure Traumhochzeit feiern zu können. Natürlich ist es auch schön, nach der Hochzeit noch etwas Geld auf dem Konto zu haben und nicht alles für die Feier opfern zu müssen. Kleine Einsparungen an einigen Stellen helfen dabei.

„Save the Date"-Karten

Sobald die Verlobung offiziell ist und ein Termin für die Hochzeit gefunden wurde, können es die meisten Paare kaum erwarten, Freunden und Familie von der freudigen Nachricht zu erzählen. Das könnt ihr auch. Es muss aber nicht immer durch „Save the Date"-Karten sein.

Ja, es ist schön, wenn eure späteren Gäste schon im Voraus mit den kleinen Karten im Briefkasten überrascht werden. Aber diese Kärtchen extra gestalten und drucken zu lassen und sie dann auch noch mit zusätzlichem Porto zu verschicken, kostet Geld.

Das könnt ihr euch sparen, indem ihr euren Liebsten einfach persönlich von eurem großen Tag erzählt. Freuen werden sie sich trotzdem!

Tipp

Mit der heutigen Technik könnt ihr die Ankündigung natürlich trotzdem als Überraschung gestalten. Ein „Save the Date"-Foto über euren Chat-Dienst oder ein Video-Anruf sorgen ebenfalls für Aufsehen.

Location

Hier lässt sich viel sparen. Natürlich könnt ihr euch ein Ferienhaus mit Pool an der Küste Frankreichs mieten und eure Feier dort stattfinden lassen. Das könnte allerdings teuer werden.

Wenn ihr auch mit weniger zufrieden seid, genügt vielleicht ein Festsaal oder eine Eventlocation, die extra für solche Zwecke gedacht ist. Auch in Restaurants kann man feiern und wenn man einen großen Garten zur Verfügung hat, kann aus der Luxus-Location auch eine Gartenparty werden. Da muss zumindest für den Standort nicht viel oder sogar gar nichts gezahlt werden.

Seit einiger Zeit sind auch umgebaute Scheunen oder Lagerhallen für Hochzeiten sehr beliebt. Es gibt sogar Gewächshäuser, die unter dem abgewandelten Namen „Glashaus" eine wunderbare und vor allem sehr besondere Atmosphäre für Hochzeiten schaffen.

Bei der Location-Suche solltet ihr deshalb offen für verschiedene Möglichkeiten sein. Auch preislich macht die Art der Location nämlich oft einen Unterschied.

Tipp

Einige Catering-Unternehmen bieten auch Räumlichkeiten für große Anlässe an. Dann seid ihr zwar an den Caterer gebunden, oft zahlt ihr aber für die Location selbst im Paketpreis nichts oder nur wenig.

Catering

Je nach Location seid ihr entweder an ein bestimmtes Catering-Unternehmen oder an feste Partner gebunden. Manchmal steht es euch aber auch frei, selbst für eure Verpflegung zu sorgen.

Dadurch könnt ihr natürlich einiges sparen. Wenn Freunde und Familie mithelfen und ihr euer eigenes Menü erstellt, kommt ihr meist wesentlich günstiger davon, habt aber auch entsprechend mehr Arbeit.

Wenn ihr aus verschiedenen Caterern wählen könnt oder müsst, bietet es sich immer an, Angebote von vielen Dienstleistern einzuholen. So könnt ihr vergleichen und das für euch am besten passende Angebot finden.

Gut zu wissen

Solltet ihr euch entscheiden, das Menü selbst zu kochen, denkt auch daran, dass ihr Geschirr und Tischdecken selbst stellen müsst. Oft werden diese Dinge beim Engagieren von Caterern von ihnen mitgebracht, manchmal könnt ihr euch aber auch nur die Gedecke und Hussen von ihnen leihen.

Getränke

Wenn euer Caterer nur für das Essen zuständig ist, müsst ihr euch selbst um die Getränke kümmern. Oft bekommt ihr eine Pauschale angeboten, in der dann aber nur Softdrinks enthalten sind.

Gut zu wissen

Wenn euer Location-Anbieter nichts gegen selbst mitgebrachte Getränke hat, ist das ein Pluspunkt. Viele erheben aber ein Korkgeld für mitgebrachte Flaschen. Meist fällt das ziemlich hoch aus. Fragt hier sicherheitshalber nochmal nach.

Sorgt ihr selbst für (zusätzliche) Getränke, so kann die Frage, wie viel wohl gebraucht wird, ziemlich knifflig sein.

Einige Getränkemärkte können da aber Abhilfe schaffen. Dort könnt ihr anfragen, ob ihr die Getränke auf Kommission kaufen könnt. Das bedeutet: ihr kauft eine bestimmte Menge, könnt aber alles, das nicht verbraucht oder angebrochen wurde, wieder zurückgeben.

Dienstleister aus der Nähe

Fotograf, Musiker, Florist oder ein separater Trauredner. An den meisten Hochzeiten sind viele Leute beteiligt, die nicht als Gäste, sondern als Angestellte fungieren.

Gut zu wissen

Viele Dienstleister oder Agenturen arbeiten mit mehreren Partnern zusammen. Bei ihnen habt ihr häufig die Möglichkeit, gleich mehrere Dienstleister zusammen zu buchen. Der Fotograf zusammen mit dem DJ und der Deko-Expertin von derselben Agentur ist dann direkt im Paket zu buchen und damit wesentlich günstiger als separat.

Sie alle kommen mit ihren eigenen Angeboten, möglicherweise auch Paketpreisen und Bedingungen. Setzt bei der Suche nach Dienstleistern auf eure Region. Mag sein, dass der Fotograf in Berlin die schönsten Bilder macht, wenn ihr ihn aber für eure Hochzeit in München engagiert, kommen neben dem Honorar auch noch Fahrtkosten und (bei großen Entfernungen) eine Unterkunft dazu.

Gästeunterbringung

Falls ihr einige Gäste von weiter weg erwartet, solltet ihr auch eine Unterkunft für sie anbieten. Das heißt nicht zwangsweise, dass ihr für die auch zahlen müsst. Ihr könnt die Gäste auch selbst nach einem Hotel suchen lassen, solltet dann aber wenigstens ein paar Vorschläge für sie bereithalten.

Wenn ihr es euch aber leichter machen wollt – sowohl beim Budget als auch an Nerven einsparen wollt – dann könnt ihr eure Gäste auch bei Freunden oder Familien einquartieren.

Selbstverständlich muss das zuerst abgesprochen werden, aber für Tante und Onkel, die selbst nicht mehr Autofahren und drei Stunden entfernt wohnen, haben eure Familien bestimmt noch ein Gästezimmer oder Schlafsofa übrig.

Tipp

Ein Freundeskreis, der sich über die Zeit in alle Himmelsrichtungen verteilt hat, freut sich vielleicht auch mal wieder über eine Pyjama-Party. Was im Kindesalter möglich war, funktioniert auch jetzt noch!

Dekoration

Die Deko lässt sich für gewöhnlich erst dann planen, wenn die Location feststeht. Grob überschlagen könnt ihr aber schon, was ihr alles brauchen werdet. Oder wollt.

Wenn euch etwas Bestimmtes gefällt, könnt ihr es ja vielleicht selbst machen? Schaut auf Internetseiten nach Deko-Ideen und DIY (Do-It-Yourself)-Tipps. Dort findet ihr nicht nur Inspiration, sondern auch Tricks, wie ihr mit ein paar Handgriffen etwas Schönes selbst machen könnt und damit viel Geld spart.

Tipp

Vielleicht seid ihr ja handwerklich nicht sonderlich geschickt oder habt einfach keine Lust und Zeit, selbst zu basteln. Dann könnt ihr euch auch Dekoration leihen. Einige große Unternehmen und Dekorateure bieten auch an, ihre Waren auszuleihen. So zahlt ihr weniger und müsst danach nicht drei weitere Regale im Keller mit eurer Hochzeits-Dekoration füllen.

Unsere Deko-Ideen:

______

______

______

______

______

______

______

Blumen

Blumen und Grünes machen wahrscheinlich einen Großteil der Dekoration aus. Und dann ist da natürlich noch der Brautstrauß. Aber auch hier könnt ihr sparen. Dafür müsst ihr nicht auf die Blumen im Garten oder auf den Feldern zurückgreifen (auch wenn ihr das natürlich könnt).

Macht euch bewusst, dass nicht jede Blumensorte ganzjährig Saison hat. Natürlich könnt ihr auch im Winter irgendwo eine Pfingstrose ergattern – die ist dann aber durch Gewächshaus und Spezialanbau nicht gerade günstig. Und wirklich umweltfreundlich ist das ja auch nicht.

Blumen der Saison dagegen sind bei jedem Floristen zu bekommen, und deutlich günstiger. Wir haben euch eine kleine Auswahl beliebter Hochzeits-Blumen zusammengestellt, aus der ihr passend zur Jahreszeit die schönsten Blumen für euch auswählen könnt.

Frühling:	Narzisse, Tulpe, Pfingstrose
Sommer:	Dahlie, Margerite, Lilie
Herbst:	Hagebutte, Fackellilie, Ringelblume
Winter:	Primel, Alpenveilchen, Amaryllis

Tipp

Eine sehr oft für Hochzeiten verwendete Blume ist die Orchidee. Sie gehört zu den wenigen Blumen, die ihr das ganze Jahr über kaufen könnt.

Gut zu wissen

Natürlich könnt ihr auch Saison-Blumen und die persönlichen Lieblinge mischen. Ihr heiratet im Herbst und wollt unbedingt Narzissen im Brautstrauß? Kein Problem, ein paar davon können ja zusätzlich gekauft werden. Nur alle Blumen der Dekoration sollten nicht außerhalb ihrer Saison verwendet werden.

Diese Blumen können wir uns gut als Deko vorstellen:

____

____

____

In den Brautstrauß gehören auf jeden Fall diese Blumen:

____

____

____

Brautmode

Auch wenn es viele Bräute nicht hören wollen: Ja, man kann auch am Brautkleid sparen. Es muss nicht immer das teuerste, maßgeschneiderte Kleid von dem bekanntesten Designer sein.

Schaut euch nicht nur in Brautmodengeschäften um, vielleicht findet ihr ja auch ein Second-Hand-Kleid. Vielleicht gefällt euch aber auch das Brautkleid eurer Mutter oder das eurer künftigen Schwiegermutter sehr gut. Oft bewahren Bräute ihre Kleider für die nächste Generation auf. Das ist also eure Chance.

Wenn es aber doch das neue Kleid sein muss, reicht es dann vielleicht, es zu leihen? Geplant ist ja wahrscheinlich ohnehin, es nur einmal zu tragen. Durch das Leihen könnt ihr euch euer Traumkleid aussuchen – zahlt aber nur einen Bruchteil des Verkaufspreises.

Tipp

Die meisten Hochzeiten werden von Mai bis September gefeiert. Im Oktober werden es dann schon weniger, was für euch bedeutet: die Sales beginnen. Hier lohnt es sich erst recht zu stöbern.

Angebote vergleichen!

Egal ob bei Locations, Dienstleitern oder dem Deko-Kauf. Es gilt immer eines: vergleichen. Es kann lästig sein, sich mehrere Angebote einholen zu müssen, aber es lohnt sich. Wenn ihr verschiedene Angebote vor euch habt, könnt ihr das für euch beste heraussuchen.

Dabei spielt nicht immer nur die Leistung, sondern eben auch der Preis eine große Rolle. Und nur weil euch ein bestimmtes Angebot sofort gefällt, heißt das ja nicht, dass es nicht noch ein besseres gibt.

Gut zu wissen

Auch durch eine rechtzeitige Suche, lässt sich oft sparen. Steht ihr bei der Suche von Dienstleistern unter großen Zeitdruck, trefft ihr eventuell eine schnelle Entscheidung, nur damit ihr diesen Punkt abhaken könnt. Lasst euch Zeit und vergleicht so viel wie möglich.

Besonders bei der aktuell hohen Inflationsrate lohnt es sich, frühzeitig Angebote zu vergleichen. Eine frühe Entscheidung könnte euch hier einen guten Preis sichern, dagegen werden Angebote meist teurer, je länger ihr wartet.

Der Budget-Plan

Bevor es richtig in die Detailplanung geht, solltet ihr euer Budget für die Hochzeit festlegen. Hier geht es nicht darum, alle Angebote einzuholen, euch zu entscheiden und dann die Kosten zu notieren. Ihr sollt euch einen finanziellen Rahmen setzen.

Während der Planung gerät das Geld oft aus den Augen. Das liegt vor allem daran, dass zu viel gewollt wird, die Zahlen mit denen gerechnet wird ungewohnt hoch sind, oder die altbekannte „das passt schon noch"-Einstellung aufkommt. Später kann euch das aber um die Ohren fliegen.

Tipp

Rundet eure Beträge für die geplanten Kosten immer auf. Bei 1.900 Euro könnt ihr ruhig mit 2.000 Euro rechnen. So seid ihr auf der sicheren Seite, wenn ungeplante Zusatzkosten auf euch zukommen.

Setzt also jetzt schon euer Budget fest und haltet euch auch daran. Ihr müsst hier noch keine genauen Zahlen wissen, solltet aber ungefähr abschätzen, wie viel ihr bereit seid, für die einzelnen Posten auszugeben.
Wenn ihr euch unsicher seid, könnt ihr euch an unserer Beispielrechnung weiter vorne orientieren.

Habt ihr euch dann für ein bestimmtes Angebot entschieden, könnt ihr die tatsächlichen Kosten dafür neben die geplanten schreiben und vergleichen. So behaltet ihr den Überblick.

Zusatzkosten können immer entstehen. Vielleicht habt ihr seit der Kleideranprobe vor drei Monaten ja nochmal abgenommen? Dann sollte auch das Kleid angepasst werden. Solche Situationen lassen sich nicht planen, ihr könnt aber einen Betrag festlegen, der in solchen Fällen genutzt werden kann.

Unser Budget-Plan

	Geplante Kosten	*Tatsächliche Kosten*
Standesamt		
➤ Heiratsurkunden		
➤ Gebühren		
➤ Stammbuch		
➤ Kleidung		
Kirche		
➤ Gebühren		
➤ Musiker		
Feier		
➤ Location		
➤ Catering		
➤ Speisen		
➤ Getränke		
➤ Hochzeitstorte		
Papeterie		
➤ „Save the Date"-Karten (inkl. Porto)		
➤ Einladungskarten (inkl. Porto)		
➤ Anzeige		
➤ Programmhefte		
➤ Kirchenhefte		
➤ Menükarten		
➤ Platzkarten		
➤ Tischnummern		
➤ Dankeskarten (inkl. Porto)		

	Geplante Kosten	Tatsächliche Kosten
Das Äußere		
➤ Brautkleid		
➤ Anzug		
➤ Schuhe		
➤ Dessous		
➤ Schleier		
➤ Accessoires		
➤ Friseur		
➤ Visagist		
➤ Maniküre/Pediküre		
➤ Eheringe		
Dekoration		
➤ Brautstrauß (Standesamt)		
➤ Brautstrauß (Kirche)		
➤ Wurfstrauß		
➤ Reversgesteck		
➤ Autoschmuck		
➤ Dekoration Kirche		
➤ Dekoration Standesamt		
➤ Dekoration freie Trauung		
➤ Dekoration Location		
➤ Blumen für das Blumenmädchen		
➤ Tischdekoration		
Dienstleister		
➤ Fotograf/ Hochzeitsalbum		
➤ Videograf		
➤ Filme und Entwicklung		
➤ Musiker		

	Geplante Kosten	Tatsächliche Kosten
Sonstiges		
➤ Tanzkurs		
➤ Gastgeschenke		
➤ Gästebuch		
➤ Reis/Blumen/Seifenblasen		
➤ Hochzeitsauto/Kutsche		
➤ Hotelkosten		
➤ Polterabend		
Flitterwochen		
➤ Mietauto		
➤ Flug		
➤ Hotel		
➤ Verpflegung		
➤ Ausflüge		
Weiteres		
➤		
➤		
➤		
➤		
➤		
➤		
➤		
➤		
➤		
➤		
Gesamt		

Gäste & Trauzeugen

Wen ihr einladen müsst und was es dabei zu bedenken gibt.

Für wen plant man eigentliche eine Hochzeit? Für das Brautpaar? Klar. Aber allein feiern macht ja keinen Spaß. Erst die Gäste machen das freudige Ereignis zu einem Fest!

Bevor ihr euch jetzt aber sofort an die Erstellung einer Gästeliste macht, gibt es noch ein paar Dinge zu bedenken. Die Auswahl der Gäste ist schließlich nicht alles. Und einfach ist sie auch nicht.

Trauzeugen

Oft wird geglaubt, ein Trauzeuge sei für eine Hochzeit zwingend notwendig. Nicht nur weil das eben „dazu gehört", sondern weil diese Person doch im Standesamt mitunterschreiben muss.

Das war mal so. Mittlerweile braucht ihr aber niemanden mehr, der – nun ja – die Trauung bezeugt.

Tipp

Fragt vorab unbedingt bei eurem Standesamt nach, wie viele Trauzeugen ihr mitbringen dürft. Je nach Gemeinde können andere Vorgaben gelten.

In Deutschland habt ihr freie Wahl. Ihr könnt einen, keinen oder gleich zwei Trauzeugen mitbringen. Richtig gelesen: Viele Standesämter bieten auch an, pro Person zwei Trauzeugen zu wählen. Damit hättet ihr insgesamt vier.

Die Trauzeugen stehen euch dann bei der Planung und natürlich an der Hochzeit selbst zur Seite. Für gewöhnlich schwingt mit diesem Job deshalb eine gewisse Verantwortung aber auch Ehre mit. Ein Trauzeuge wird ja schließlich nicht jeden Tag gewählt. Im Idealfall außerdem auch nur einmal im Leben – ein besonderer Titel also.

Natürlich könnt ihr jederzeit selbst entscheiden, wie viele Trauzeugen ihr auswählen möchtet. Auch wenn das Standesamt klare Vorgaben hat: auf der Feier danach, könnt ihr alles selbst bestimmen. Vielleicht ist ja auch die amerikanische Tradition der Brautjungfern etwas für euch?

Wer bekommt den Job?

Meistens werden die Trauzeugen in die Planung der Hochzeit miteinbezogen. Bevor es aber dazu kommt, muss sich erstmal entschieden werden, wer den Posten übernimmt. Für einige mag diese Frage schon von Kindesbeinen an geklärt sein, andere tun sich aber mit der Entscheidung schwer oder haben sich einfach noch nie Gedanken darüber gemacht.

Falls auch ihr noch unentschlossen seid, können euch diese Fragen bei der Auswahl helfen:

- Vertraust ihr der Person?
- Ist die Person den ihr zugeteilten Aufgaben gewachsen?
- Hat die Person Zeit bei den Vorbereitungen zu helfen?
- Kommen sowohl Braut als auch Bräutigam gut mit der Person zurecht?
- Ist eure Freundschaft auch nach einem kleinen Streit nicht sofort vorbei?
- Versteht die Person euch sehr gut und kann euren Geschmack verteidigen (z. B. unerwünschte Ideen von Verwandten abblocken)?
- Kann die Person mit schwierigen Situationen umgehen?
- Steht euch die Person immer mit Rat und Tat zur Seite?
- Könnt ihr euch eure Hochzeit nicht ohne diese Person vorstellen?

Wenn ihr all diese Fragen mit „Ja" beantworten könnt – Glückwunsch. Ihr habt eure Trauzeugen gefunden.

Unsere Trauzeugen sind:

____

____

____

____

Trauzeuegn

To-Dos für die Trauzeugen – das sind ihre Aufgaben

Wenn die Wahl erst einmal getroffen wurde – tja, was dann?

Welche Aufgaben muss so ein Trauzeuge denn eigentlich erfüllen? Klar, da wäre die Sache mit der Unterschrift im Standesamt. Aber da ist noch mehr. Die Trauzeugen sind quasi die rechte Hand des Brautpaars. Neben den Eltern sind sie diejenigen, die am meisten in die Planung und Umsetzung der Hochzeit miteinbezogen werden. Im Normalfall bieten sie euch ihre Hilfe überall da an, wo ihr sie benötigt.

Das kann von der Suche der Location und der Dienstleister über Ideen und Vorschläge zur Dekoration oder dem Programm bis hin zu moralischem Beistand reichen. Viele Brautpaare haben ihre „Maid of Honor“ oder ihren „Best Man“ deshalb auch bis zum Fertigmachen am großen Tag stets an ihrer Seite. Was die meisten bestimmt schon wissen: auch die Ausrichtung eines Junggesellenabschieds liegt traditionsgemäß in den Händen der Trauzeugen.

Während der Hochzeitsfeier selbst, kommt dann noch einmal die ein oder andere zusätzliche Aufgabe auf eure Auserwählten zu. Bei der Trauung stehen sie mit euch am Altar. Etwas mehr am Rand vielleicht, aber immer noch für alle sichtbar. Sie nehmen der Braut den Strauß ab, wenn sie die Hände für ihren zukünftigen Mann braucht, und reichen dem Brautpaar die Ringe.

Während der Feier gelten sie dann häufig als Ansprechpartner für eure Gäste. So werdet ihr nicht ständig nach jeder Kleinigkeit gefragt und habt die Chance, euren ganz speziellen Tag möglichst stressfrei zu genießen. Außerdem halten sie meist eine kleine Rede darüber, wie ihr (das Brautpaar) euch kennengelernt habt oder wie es zu ihrer Freundschaft mit euch gekommen ist.

Euren Trauzeugen könnt ihr prinzipiell jede Art von Aufgabe – die Hochzeit betreffend – erteilen. Auch individuelle Ideen dürfen hier gerne zum Einsatz kommen.

Tipp

Gebt euren Gästen auf jeden Fall vorab (vielleicht schon auf der Einladung) Bescheid, wer eure Trauzeugen sind. So können eventuelle Überraschungen, von denen ihr nichts wissen sollt, im Vorfeld mit euren Trauzeugen abgesprochen und geplant werden.

Wir möchten, dass unsere Trauzeugen folgende Aufgaben übernehmen:

____

____

____

____

____

____

____

____

Die NOTFALL-Tasche

Noch etwas, worum sich eure Trauzeugen kümmern sollten. Tun sie das nicht, solltet ihr es selbst in die Hand nehmen. Packt eine NOTFALL-Tasche.

Nein, hier geht es nicht um einen gepackten Koffer, mit dem ihr abhauen könnt, falls ihr kalte Füße bekommt. Im Gegenteil. Das kleine Täschchen soll es euch ermöglichen, den Tag und den Abend eurer Hochzeit so gut und so lange wie möglich zu genießen.

Der Tag wird stressig. Auch wenn es der schönste Tag in eurem Leben sein soll, müsst ihr mit Kleinigkeiten rechnen, die da einfach nicht ausbleiben. Schmerzende Füße von den nicht eingelaufenen Schuhen? Sonnenbrand von der zu langen Trauung im Freien? Dem könnt ihr vorbeugen!

Sorgt dafür, dass eure NOTFALL-Tasche am Tag eurer Hochzeit immer leicht zugänglich ist. So könnt ihr eventuelle Schwierigkeiten sofort aus dem Weg räumen und habt immer eine Lösung parat.

Auf diese kleinen Helfer solltet ihr nicht verzichten:

- [ ] Deo und Parfüm
- [ ] Sicherheitsnadel oder kleines Nähset
- [ ] Tabletten gegen Kopf- und Bauchschmerzen
- [ ] Mundspray, Kaugummis oder Minz-Bonbons
- [ ] Nagelfeile
- [ ] Kamm
- [ ] Haarspray
- [ ] Taschentücher
- [ ] (Blasen)Pflaster
- [ ] Bequeme Schuhe für den späteren Abend oder die Tanzeinlagen
- [ ] Traubenzucker oder Müsliriegel (für den kleinen Hunger und Kreislaufprobleme)
- [ ] Fusselrolle
- [ ] Kleine Tube Sonnencreme
- [ ] Regenschirm
- [ ] Decke (falls in kalten oder nassen Monaten geheiratet wird)

Die Braut kann diese Liste noch mit Folgendem erweitern:

- [ ] Puder, Make-Up, Lippenstift
- [ ] Haarnadeln
- [ ] Ersatzstrümpfe oder Strumpfhose

Und für den Bräutigam gibt es zusätzlich noch:

- [ ] Ersatzhemd
- [ ] Ein Paar extra Socken

Die Gästeliste

Lasst es euch gleich gesagt sein: bei der Erstellung der Gästeliste ist die Diskussion vorprogrammiert. Abschrecken lassen solltet ihr euch davon aber nicht. Es ist ganz normal, dass ihr das ein oder andere Familienmitglied des Partners nicht unbedingt auf eurer Hochzeit braucht oder es vielleicht gar nicht kennt. Euer Partner aber vielleicht schon.

Und was ist mit der grantigen Tante oder dem stets beschwipsten Cousin? Jeder weiß, dass sie anstrengend sind aber ... sie gehören doch zur Familie ... oder?

Ja, die Frage, wer es auf die begehrte Liste schafft und wer nicht, ist nicht so einfach. Zuerst solltet ihr deshalb folgende Fragen klären:

- Wie viele Gäste können wir einladen?
- Wie viele Gäste wollen wir einladen?
- Kommen unsere Gäste mit ihren Partnern?
- Dürfen Kinder mitgebracht werden?

Um euch einen Teil der Wortgefechte abzunehmen oder euch zumindest die Entscheidung etwas zu erleichtern, könnt ihr euch an diesem Konzept zur Entscheidungshilfe orientieren.

Tipp

Für den Anfang kann es helfen, auf einem separaten Blatt Papier ausnahmslos alle aufzulisten, die eventuell als Gäste in Frage kommen. So schafft ihr euch einen Überblick. Die endgültige Entscheidung kommt dann später.

Gut zu wissen

Auch Service-Personal sollte in der Gesamtanzahl der Gäste bedacht werden. Oft zählen sie für die Location als „Gäste“ dazu, damit die Höchstanzahl (laut Brandschutzgesetz) nicht überschritten wird.

Tipp

Falls Kinder erlaubt sind, tragt sie ebenfalls in die separate Liste am Ende ein. So behaltet ihr den Überblick über die Gesamtanzahl der Gäste. Ihr könnt auch das Alter der Kinder notieren. Bei vielen Caterern werden Kinder nämlich je nach Alter anders berechnet, wenn es um das Menü und die Getränke geht.

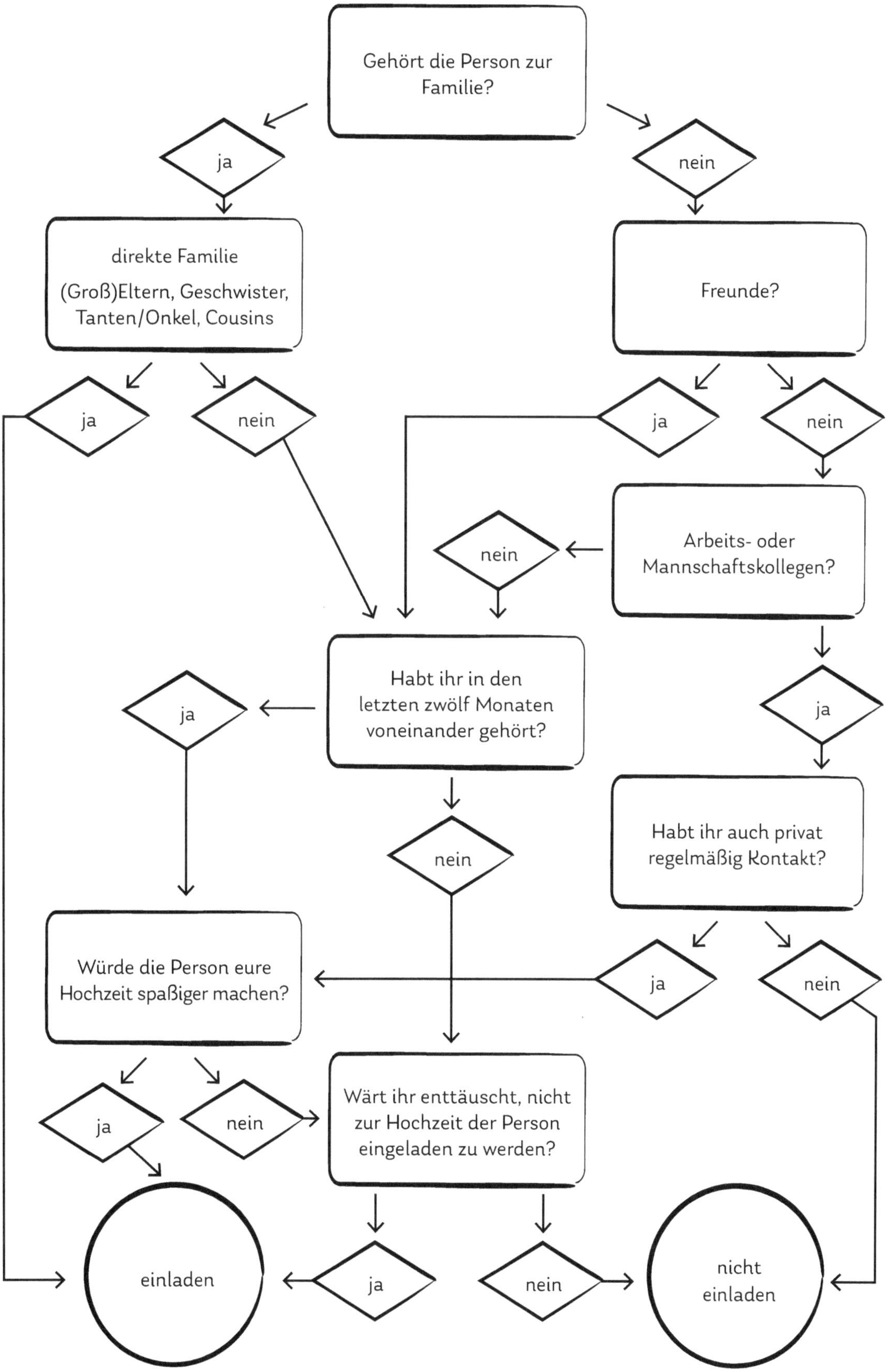
Gehört die Person zur Familie?
ja
nein
direkte Familie
(Groß)Eltern, Geschwister, Tanten/Onkel, Cousins
Freunde?
ja
nein
ja
nein
Arbeits- oder Mannschaftskollegen?
nein
Habt ihr in den letzten zwölf Monaten voneinander gehört?
ja
ja
nein
Habt ihr auch privat regelmäßig Kontakt?
Würde die Person eure Hochzeit spaßiger machen?
ja
nein
ja
nein
Wärt ihr enttäuscht, nicht zur Hochzeit der Person eingeladen zu werden?
einladen
ja
nein
nicht einladen

Unsere Gästeliste

	Name	Adresse/Telefon	Zusage	Veggie	Allergisch	Unterkunft
1	Die Braut			☐	☐	☐
2	Der Bräutigam			☐	☐	☐
3			☐	☐	☐	☐
4			☐	☐	☐	☐
5			☐	☐	☐	☐
6			☐	☐	☐	☐
7			☐	☐	☐	☐
8			☐	☐	☐	☐
9			☐	☐	☐	☐
10			☐	☐	☐	☐
11			☐	☐	☐	☐
12			☐	☐	☐	☐
13			☐	☐	☐	☐
14			☐	☐	☐	☐
15			☐	☐	☐	☐
16			☐	☐	☐	☐
17			☐	☐	☐	☐
18			☐	☐	☐	☐
19			☐	☐	☐	☐
20			☐	☐	☐	☐
21			☐	☐	☐	☐
22			☐	☐	☐	☐
23			☐	☐	☐	☐
24			☐	☐	☐	☐
25			☐	☐	☐	☐
26			☐	☐	☐	☐
27			☐	☐	☐	☐

	Name	Adresse/Telefon	Zusage	Veggie	Allergisch	Unterkunft
28			☐	☐	☐	☐
29			☐	☐	☐	☐
30			☐	☐	☐	☐
31			☐	☐	☐	☐
32			☐	☐	☐	☐
33			☐	☐	☐	☐
34			☐	☐	☐	☐
35			☐	☐	☐	☐
36			☐	☐	☐	☐
37			☐	☐	☐	☐
38			☐	☐	☐	☐
39			☐	☐	☐	☐
40			☐	☐	☐	☐
41			☐	☐	☐	☐
42			☐	☐	☐	☐
43			☐	☐	☐	☐
44			☐	☐	☐	☐
45			☐	☐	☐	☐
46			☐	☐	☐	☐
47			☐	☐	☐	☐
48			☐	☐	☐	☐
49			☐	☐	☐	☐
50			☐	☐	☐	☐
51			☐	☐	☐	☐
52			☐	☐	☐	☐
53			☐	☐	☐	☐
54			☐	☐	☐	☐

Gäste

	Name	Adresse/Telefon	Zusage	Veggie	Allergisch	Unterkunft
55			☐	☐	☐	☐
56			☐	☐	☐	☐
57			☐	☐	☐	☐
58			☐	☐	☐	☐
59			☐	☐	☐	☐
60			☐	☐	☐	☐
61			☐	☐	☐	☐
62			☐	☐	☐	☐
63			☐	☐	☐	☐
64			☐	☐	☐	☐
65			☐	☐	☐	☐
66			☐	☐	☐	☐
67			☐	☐	☐	☐
68			☐	☐	☐	☐
69			☐	☐	☐	☐
70			☐	☐	☐	☐
71			☐	☐	☐	☐
72			☐	☐	☐	☐
73			☐	☐	☐	☐
74			☐	☐	☐	☐
75			☐	☐	☐	☐
76			☐	☐	☐	☐
77			☐	☐	☐	☐
78			☐	☐	☐	☐
79			☐	☐	☐	☐
80			☐	☐	☐	☐
81			☐	☐	☐	☐

	Name	Adresse/Telefon	Zusage	Veggie	Allergisch	Unterkunft
82			☐	☐	☐	☐
83			☐	☐	☐	☐
84			☐	☐	☐	☐
85			☐	☐	☐	☐
86			☐	☐	☐	☐
87			☐	☐	☐	☐
88			☐	☐	☐	☐
89			☐	☐	☐	☐
90			☐	☐	☐	☐
91			☐	☐	☐	☐
92			☐	☐	☐	☐
93			☐	☐	☐	☐
94			☐	☐	☐	☐
95			☐	☐	☐	☐
96			☐	☐	☐	☐
97			☐	☐	☐	☐
98			☐	☐	☐	☐
99			☐	☐	☐	☐
100			☐	☐	☐	☐
101			☐	☐	☐	☐
102			☐	☐	☐	☐
103			☐	☐	☐	☐
104			☐	☐	☐	☐
105			☐	☐	☐	☐
106			☐	☐	☐	☐
107			☐	☐	☐	☐
108			☐	☐	☐	☐

	Name	Adresse/Telefon	Zusage	Veggie	Allergisch	Unterkunft
109			☐	☐	☐	☐
110			☐	☐	☐	☐
111			☐	☐	☐	☐
112			☐	☐	☐	☐
113			☐	☐	☐	☐
114			☐	☐	☐	☐
115			☐	☐	☐	☐
116			☐	☐	☐	☐
117			☐	☐	☐	☐
118			☐	☐	☐	☐
119			☐	☐	☐	☐
120			☐	☐	☐	☐
121			☐	☐	☐	☐
122			☐	☐	☐	☐
123			☐	☐	☐	☐
124			☐	☐	☐	☐
125			☐	☐	☐	☐
126			☐	☐	☐	☐
127			☐	☐	☐	☐
128			☐	☐	☐	☐
129			☐	☐	☐	☐
130			☐	☐	☐	☐
131			☐	☐	☐	☐
132			☐	☐	☐	☐
133			☐	☐	☐	☐
134			☐	☐	☐	☐
135			☐	☐	☐	☐

	Name	Adresse/Telefon	Zusage	Veggie	Allergisch	Unterkunft
136			☐	☐	☐	☐
137			☐	☐	☐	☐
138			☐	☐	☐	☐
139			☐	☐	☐	☐
140			☐	☐	☐	☐
141			☐	☐	☐	☐
142			☐	☐	☐	☐
143			☐	☐	☐	☐
144			☐	☐	☐	☐
145			☐	☐	☐	☐
146			☐	☐	☐	☐
147			☐	☐	☐	☐
148			☐	☐	☐	☐
149			☐	☐	☐	☐
150			☐	☐	☐	☐
151			☐	☐	☐	☐
152			☐	☐	☐	☐
153			☐	☐	☐	☐
154			☐	☐	☐	☐
155			☐	☐	☐	☐
156			☐	☐	☐	☐
157			☐	☐	☐	☐
158			☐	☐	☐	☐
159			☐	☐	☐	☐
160			☐	☐	☐	☐
161			☐	☐	☐	☐
162			☐	☐	☐	☐

Gäste

	Name	Adresse/Telefon	Zusage	Veggie	Allergisch	Unterkunft
163			☐	☐	☐	☐
164			☐	☐	☐	☐
165			☐	☐	☐	☐
166			☐	☐	☐	☐
167			☐	☐	☐	☐
168			☐	☐	☐	☐
169			☐	☐	☐	☐
170			☐	☐	☐	☐
171			☐	☐	☐	☐
172			☐	☐	☐	☐
173			☐	☐	☐	☐
174			☐	☐	☐	☐
175			☐	☐	☐	☐
176			☐	☐	☐	☐
177			☐	☐	☐	☐
178			☐	☐	☐	☐
179			☐	☐	☐	☐
180			☐	☐	☐	☐
181			☐	☐	☐	☐
182			☐	☐	☐	☐
183			☐	☐	☐	☐
184			☐	☐	☐	☐
185			☐	☐	☐	☐
186			☐	☐	☐	☐
187			☐	☐	☐	☐
188			☐	☐	☐	☐
189			☐	☐	☐	☐

	Kinder	Alter
1		
2		
3		
4		
5		
6		
7		
8		
9		
10		
11		
12		
13		
14		
15		
16		
17		
18		
19		
20		
21		
22		
23		
24		
25		
26		
27		

Gästeübersicht

Anzahl der Gäste (Zusagen):

Anzahl der Kinder:

Anzahl der Vegetarier:

Anzahl der Allergiker:

Allergien:

So viele Gäste brauchen eine Unterkunft:

Gäste

Eine Hochzeit mit Kindern

Meist hört man von Kindern auf einer Hochzeit die gleichen Sätze. „Mir ist langweilig“ ist dabei der wahrscheinlich häufigste. Dann kann man sich zwar kurz mit ihnen zusammensetzen oder sie am Handy spielen lassen, eine dauerhafte Lösung ist das aber nicht.

Tipp

Ihr könnt euch natürlich auch komplett für eine Feier ohne Kinder entscheiden. Dadurch müsst ihr nicht für zusätzliche Beschäftigung sorgen, dafür aber eventuell auf Gäste verzichten, die die Kinder nicht allein lassen können oder keinen Babysitter gefunden haben. Gebt eine solche Entscheidung also frühzeitig bekannt.

Eine Zeit lang mag das ja alles funktionieren, aber einen ganzen Tag lang? Und dann noch über den Abend hinweg? Nein. Kinder brauchen nun mal Beschäftigung. Und so schön eine Hochzeit auch für die Erwachsenen sein mag, die Kleinsten unter uns finden das lange Rumsitzen oder die gehaltenen Reden oft einfach nur langweilig.

Wie könnt ihr also dafür sorgen, dass die Kids nicht nur rumquengeln und die Eltern nicht schon vor der Zeremonie einen Nervenzusammenbruch erleiden? Wenn eure Location nicht gerade einen Spielplatz beinhaltet, haben wir ein paar Ideen, die euch helfen können. Ihr könnt gerne ankreuzen, was ihr euch auf eurer Feier gut vorstellen könnt.

Tipp

Ihr könnt den Kindern auch eine Foto-Aufgabe stellen. Beispielsweise müssen sie dann bestimmte Dinge oder Personen fotografieren. So erhaltet ihr am Ende der Feier zusätzliche Fotos aus den Augen eines Kindes. Das sorgt für spannende Schnappschüsse!

☐ Beschäftigungs-Box

Ihr könntet zum Beispiel jedem Kind oder dessen Eltern eine Beschäftigungs-Box überreichen. Darin befinden sich dann zum Beispiel Stifte und Papier zum Malen und kleine Spiele-Vorlagen für Stadt-Land-Fluss, Tik-Tak-Toe oder Käsekästchen.

So könnt ihr und die Eltern entspannt bleiben und müsst nicht jede Sekunde nach den Kindern sehen.

☐ Die Truhe der Wandlung

Tipp

Wenn ihr eine Fotobox oder eine (ausrangierte) Kamera zur Verfügung stellt, entstehen so außerdem lustige Fotos für euer Album!

Wie kann man Kinder möglichst lange beschäftigen? Mit einem Spiel, das ewig dauert. Oder zumindest kein vorgegebenes Ende hat. Stellt den Kids doch einfach mal eine Schatztruhe voller Kostüme in eine Ecke. Wenn dann auch noch allerlei Masken, Brillen oder andere Extras dabei sind, können sich Kinder ewig damit beschäftigen und alles ausprobieren.

☐ *Movie-Night*

Falls ihr das Glück haben solltet, einen Extraraum zur Verfügung zu haben, könnt ihr auch ein Heimkino für die Kleinen einrichten. Ein paar DVDs zur Auswahl und schon sind sie (zumindest für eine Weile) beschäftigt.

☐ *Luftballons*

Ja, es kann so einfach sein. Es ist immer wieder faszinierend, welch simple Dinge zu einem großartigen Ergebnis führen können. Verteilt einfach einige Luftballons im Raum und ihr werdet sehen: die Kinder lieben es!

Ideen mit Betreuung

Wenn ihr die Möglichkeit habt, eine Kinderbetreuung zu organisieren, könnt ihr das selbstverständlich auch tun. Ihr nehmt nicht nur euch, sondern auch den Eltern damit eine große Sorge ab.

Sobald ihr jemanden habt, der die Kids im Auge behält, sind den Möglichkeiten keine Grenzen mehr gesetzt. Ihr könnt Outdoor-Spiele wie Ringe Werfen aufbauen, eine Station mit Riesen-Seifenblasen anbieten oder – wenn ihr von den Kids für immer als Helden gefeiert werden möchtet – eine Hüpfburg besorgen.

Tipp

Zugriff auf einen Streaming-Dienst wie Netflix oder Disney+ ist hier natürlich Gold wert. Die Dienste haben eine extra Funktion für Kinder, bei der nur Filme angeboten werden, die nach FSK-Regelungen auch kinderfreundlich sind.

Gäste

Gut zu wissen

Auch die Gäste, die im Herzen wohl immer Kinder bleiben, erfreuen sich an Luftballons. Wer kann sie wohl am längsten in der Luft halten?

Wenn ihr noch weitere Ideen habt, könnt ihr diese gern hier festhalten:

____

____

____

____

____

____

____

____

Auch benötigtes Material könnt ihr hier aufschreiben:

____

____

____

____

____

____

____

____

Die Sitzordnung

Wenn dann einmal alle Gäste feststehen – und eintreffen – wo setzen sie sich dann hin? Habt ihr feste Vorstellungen, wer wo sitzen soll oder darf jeder seinen Platz selbst wählen? Vielleicht ist auch „Die Reise nach Jerusalem" eine Option.

Ob nun eine festgelegte Sitzordnung gewünscht ist oder nicht, die Vor- und Nachteile solltet ihr euch auf jeden Fall einmal ansehen.

Vorteile feste Sitzordnung

- Niemand kämpft um die besten Plätze
- Alle wissen sofort, wo sie hinmüssen
- Es entstehen keine Lücken an den Tischen

Nachteile feste Sitzordnung

- Hoher Zeitaufwand
- Alle zufriedenzustellen ist unmöglich
- Evtl. entstehen Extrakosten durch Platzkarten o.ä.

Überlegt euch für eure Sitzordnung außerdem, ob ihr einen reinen Kinder- oder Single-Tisch bestimmen wollt. Und vergesst nicht, dass ihr eventuell auch Tische für das Buffet, die Kinderbetreuung oder einen Geschenketisch bedenken müsst. Falls ihr nur eine begrenzte Anzahl an Tischen zur Verfügung habt, solltet ihr das nicht außer Acht lassen.

Solltet ihr euch für eine Sitzordnung entscheiden, könnt ihr sie auf den nächsten Seiten festhalten.

Tipp

Die Extrakosten für Platzkarten könnt ihr auch mit einem Schild am Eingang umgehen, auf der die Tische und die zugehörigen Gäste aufgelistet sind. So habt ihr, statt eventuell 100 kleinen Platzkarten, nur ein großes Schild zu bestellen.

Unsere Sitzordnung

Tisch 1

1 Die Braut
2 Der Bräutigam
3
4
5
6
7
8
9
10
11
12

Tisch 2

1
2
3
4
5
6
7
8
9
10
11
12

Tisch 3

1
2
3
4
5
6
7
8
9
10
11
12

Tisch 4

1
2
3
4
5
6
7
8
9
10
11
12

Tisch 5

1 ____________ 7 ____________
2 ____________ 8 ____________
3 ____________ 9 ____________
4 ____________ 10 ____________
5 ____________ 11 ____________
6 ____________ 12 ____________

Tisch 6

1 ____________ 7 ____________
2 ____________ 8 ____________
3 ____________ 9 ____________
4 ____________ 10 ____________
5 ____________ 11 ____________
6 ____________ 12 ____________

Tisch 7

1 ____________ 7 ____________
2 ____________ 8 ____________
3 ____________ 9 ____________
4 ____________ 10 ____________
5 ____________ 11 ____________
6 ____________ 12 ____________

Tisch 8

1 ____________ 7 ____________
2 ____________ 8 ____________
3 ____________ 9 ____________
4 ____________ 10 ____________
5 ____________ 11 ____________
6 ____________ 12 ____________

Tisch 9

1
2
3
4
5
6
7
8
9
10
11
12

1
2
3
4
5
6
7
8
9
10
11
12

Tisch 10

Tisch 11

1
2
3
4
5
6
7
8
9
10
11
12

1
2
3
4
5
6
7
8
9
10
11
12

Tisch 12

Gäste

Tisch 13

1 ______ 7 ______
2 ______ 8 ______
3 ______ 9 ______
4 ______ 10 ______
5 ______ 11 ______
6 ______ 12 ______

Tisch 14

1 ______ 7 ______
2 ______ 8 ______
3 ______ 9 ______
4 ______ 10 ______
5 ______ 11 ______
6 ______ 12 ______

Tisch 15

1 ______ 7 ______
2 ______ 8 ______
3 ______ 9 ______
4 ______ 10 ______
5 ______ 11 ______
6 ______ 12 ______

Tipp

Oft könnt ihr euch die Form des Tischs aussuchen. Damit variiert auch die Personenanzahl pro Tisch. Sprecht das vorher unbedingt mit eurer Location ab.

Gut zu wissen

Vielleicht könnt ihr auch verschiedene Tischformen (rund oder eckig) nutzen. So lockert ihr alles etwas auf und habt mehr Optionen zum Zusammensetzen der Gäste. Oft hat auch nur der Tisch des Brautpaars eine individuelle Form.

Alles für die Gäste

Die Gäste einzuladen ist die eine Sache. Sie auch zu versorgen eine ganz andere.

Egal ob Essen und Trinken, kleine Gefälligkeiten oder eine Unterbringung – eure Gäste wollen versorgt werden. Damit ihr das auch schafft und euch über glückliche Gäste auf eurer Hochzeit freuen könnt, haben wir alles, was ihr braucht.

Unterbringung und Hotels

Für den Fall, dass einige eurer Gäste von weiter weg anreisen, brauchen sie eventuell einen Schlafplatz. Ihr könnt eure Gäste bei euren Freunden oder der Familie unterbringen, könnt aber auch ein Hotel buchen oder ein paar Zimmer vorab reservieren.

Solltet ihr das nicht wollen, könnt ihr auch „nur" Empfehlungen geben oder zumindest einige Hotels in der Umgebung heraussuchen.

Tipp

Versucht erst herauszufinden, wie viele eurer Gäste eine Unterbringung im Hotel benötigen. So könnt ihr dann alle Reservierungen gesammelt vornehmen und euch eventuell auch einen Mengenrabatt für die Zimmer sichern.

Hotel 1: ☐ gebucht ☐ reserviert

____

Anzahl der benötigten Zimmer: ☐

Adresse:

____

____

Kosten: ☐

Hotel 2: ☐ gebucht ☐ reserviert

____

Anzahl der benötigten Zimmer: ☐

Adresse:

____

____

Kosten: ☐

Gäste

Shuttle-Service

Die Location ist am Waldrand, gefeiert wurde bis in die frühen Morgenstunden und niemand ist mehr in der Lage ein Auto zu bedienen. Was jetzt?

Die Nummer eines Taxi-Unternehmens griffbereit zu haben kann helfen. Ihr könnt aber auch einen Shuttle-Service für eure Gäste organisieren. So können sie bequem in regelmäßigen Abständen nach Hause gefahren werden und müssen sich keine weiteren Sorgen um den Heimweg machen.

Alle Gäste kommen aus unterschiedlichen Städten? Auch kein Problem. Der Shuttle-Service kann zum Beispiel eine Bahnstation zum Ziel haben, von der alle Gäste weiterreisen können.

Tipp

Wenn ihr Bekannte oder Freunde von Freunden habt, die ihr zwar nicht zur Hochzeit einladet, die sich aber gerne etwas dazuverdienen würden, könnt ihr auch sie als Fahrer engagieren. Meist ist das die günstigere Variante.

Gastgeschenke

Kleine Gastgeschenke sind kein Muss – aber immer gern gesehen. Eure Gäste fühlen sich dadurch sofort willkommen.

Ihr solltet für eure Gastgeschenke aber nicht zu viel Geld ausgeben. Sie sind lediglich kleine Aufmerksamkeiten an die Gäste und sollen euer Budget nicht zu sehr belasten.

Bei der Wahl eurer Geschenke ist euch freie Hand gelassen. Traditionell oder modern, gekauft oder selbst gemacht. Im Internet finden sich zahlreiche Ideen, wie ihr euren Gästen sagen könnt, dass ihr euch freut, sie dabei zu haben.

Gut zu wissen

Hochzeitsmandeln sind immer noch die Spitzenreiter unter den Gastgeschenken. Traditionell werden dabei fünf der Mandeln in kleine Tütchen verpackt. Sie stehen symbolisch für fünf Wünsche, die an das Brautpaar gerichtet werden: Gesundheit, Kinder, Glück, Reichtum und ein langes Leben.

Gästebuch

Das Gästebuch erfreut sowohl eure Gäste als auch euch. Es dient euch vor allem nach der Hochzeit als Erinnerung an euren großen Tag. Gestalten könnt ihr es ganz nach euren Wünschen. Das heißt, ihr könnt alles dafür vorbereiten. Die wirkliche Arbeit übernehmen dann eure Gäste.

Natürlich könnt ihr ein Buch mit leeren Seiten hinlegen und die Gäste ihre Wünsche an euch oder andere liebe Worte notieren lassen. Es geht aber auch anders.

Ihr könntet zum Beispiel eine Polaroid-Kamera und Tesafilm dazustellen. So können eure Gäste ein Bild von sich machen, dieses ins Buch kleben und darunter etwas schreiben. Das wirkt doch gleich viel persönlicher und ihr habt ein Gesicht zu den schriftlichen Glückwünschen.

Zusätzlich könnt ihr euren Gästen auch verschiedene Utensilien zur Verfügung stellen, um die Bilder aufzupeppen. Ein schöner Hintergrund ist ein Anfang, aber auch lustige Accessoires oder ein leerer Bilderrahmen zum Vorhalten führen zu einem schönen Ergebnis.

Statt einem Buch könnt ihr auch ein großes Glas hinstellen. Eure Gäste können ihre Nachrichten dann auf kleine Kärtchen schreiben und hineinwerfen. Aus dem Gefäß könnt ihr nach der Hochzeit die einzelnen Zettel herausziehen und euch gegenseitig vorlesen.

Gut zu wissen

Ihr müsst das Gästebuch auch nicht nur an einem festen Ort liegen lassen. Die Gäste können es auch untereinander umherreichen. Dabei kommt es natürlich darauf an, für was für eine Art Gästebuch ihr euch entscheidet.

Location & Catering

Wo wird gefeiert und was gibt's zu essen?

Eines der ersten Dinge, um die ihr euch kümmern solltet ist die Location.

Meist sind die begehrtesten Plätze in eurer Umgebung schon frühzeitig ausgebucht. Manchmal findet sich sogar schon ein Jahr im Voraus kein freier Termin mehr. Außerdem wollt ihr ja nicht irgendeine Location, sondern eine, die perfekt zu euch und eurer Feier passt.

Und weil eine Hochzeit in der schönsten Location, aber ohne Essen und Getränke auch nicht so ganz das Wahre ist, klären wir auch noch, was es beim Catering so alles zu bedenken gibt.

Location

Bevor wir zu den Infos kommen, die euch dabei helfen, die perfekte Location für eure Hochzeit zu finden: Habt ihr denn schon Ideen?

Gibt es bestimmte Kriterien, die euch wichtig sind? Konkrete Vorstellungen?

Dann haltet das doch schon mal fest:

Das wollen wir:

Das geht auf keinen Fall:

Weitere Ideen:

Wo feiert es sich am besten?

Besonders wenn ihr ein bestimmtes Datum ins Auge gefasst habt, und dieses auch unbedingt beibehalten möchtet, solltet ihr euch für diesen Tag frühzeitig um eine Location bemühen. Ist euch der genaue Termin nicht ganz so wichtig, dafür muss es aber unbedingt ein Samstag sein? Dann bedenkt, dass es auch davon in der Regel nur 52 Stück im Jahr gibt. Die sind schnell vergriffen.

Die Suche nach der perfekten Location gestaltet sich daher häufig schwieriger als gedacht. Und wenn ihr denkt, den richtigen Ort gefunden zu haben, tauchen im Nachhinein oft doch noch Fragen und Komplikationen auf.

Um spätere Zweifel oder gar ein Bereuen der Wahl zu vermeiden, solltet ihr euch von Anfang an über ein paar Dinge informieren.

Im Allgemeinen gilt es drei große Punkte zu beachten: die Lage, die Leistungen und das Budget.

Zu jedem dieser Punkte, geben wir euch die passenden Fragen, die ihr an die Location stellen solltet. So kommt ihr zum perfekten Ort für eure Traumhochzeit.

Die Lage

Passt die Örtlichkeit zu uns?

Habt ihr schon ein Motto oder einen bestimmten Stil gefunden, in dem ihr eure Hochzeit halten wollt? Perfekt. Dann passt am besten auch gleich die Art der Location daran an.

Eine Märchenhochzeit? Dazu passt ein Schloss, eine Burg oder ein riesiger, barocker Festsaal. Eine Strandhochzeit? Da sollte die Location im Freien oder in einem rustikalen Strandhaus stattfinden. Ihr mögt den Boho-Stil? Dann sucht nach einer großen umgebauten Scheune oder Lagerhalle.

Tipp

Auch Stil-Mischungen sind erlaubt. Sie sind sogar sehr beliebt. Ihr müsst euch also nicht zwangsweise an einer strikten Idee festklammern.

Aber auch wenn ihr euch noch für kein bestimmtes Thema entschieden habt, ist das kein Problem. Oft ergibt sich das erst, wenn ihr schon auf der Suche seid und seht, was es alles gibt.

In jedem Fall solltet ihr darauf achten, dass ihr euch mit der Location wohlfühlt und sie euch gefällt.

Können wir so heiraten, wie wir es wollen?

Dieser Punkt ist einfach. Ihr wollt eine freie Trauung? Dann sollte eure Location auch über einen Außenbereich verfügen. Achtet hier aber darauf, dass es auch eine Schlecht-Wetter-Alternative bei eurer Örtlichkeit gibt.

Tipp

Für Partys bis in die Morgenstunden, solltet ihr euch lieber etwas außerhalb der Stadt suchen. Aber auch in Industriegebieten gelten oft andere Regeln. Da stört ihr für gewöhnlich niemanden, wenn es doch mal länger gehen sollte.

Wenn ihr gerne bis spät in die Nacht tanzen wollt, ist eine Location in der Innenstadt vielleicht keine gute Wahl. Hier gelten schließlich Lärmschutzgesetze und Nachtruhe.

Können unsere Gäste auch alle bequem anreisen?

Eine Strandhochzeit auf den Malediven ist sicher schön, leisten kann sich das aber nicht jeder. Für den Fall, dass ihr nicht all eure Gäste einfliegen lassen wollt oder könnt: sucht nach Locations in eurer Nähe.

Dass manche einen weiteren Anfahrtsweg haben als andere ist normal und völlig in Ordnung. Bis zu zwei Stunden Fahrtweg nehmen eure Gäste bestimmt für euch in Kauf.

Außerdem solltet ihr bedenken, dass die Eingeladenen auch irgendwo ihr Auto abstellen müssen. Eine Location mit Parkplatz oder Bahnstation in der Nähe hat ihre Vorteile.

Fragt bei der Location unbedingt nach, wie die Gäste am besten anreisen können. Die Verantwortlichen kennen die Gegend für gewöhnlich besser als ihr und können euch über Bus- und Bahnverbindungen oder mögliche Parkplätze in der Nähe informieren.

Location & Catering

Die Leistungen

Bietet die Location genug Platz?

Die Lage ist traumhaft, der anliegende Rosengarten perfekt für die Hochzeitsfotos und der Stil trifft genau euren Geschmack. Alles perfekt, oder? Wenn dann aber nur 20 Personen Platz haben und ihr eigentlich 200 einladen wolltet ... dann wird es schwierig.

Tipp

Denkt auch daran, dass für euer Buffet, das DJ-Pult oder die Tanzfläche genügend Platz vorhanden sein muss.

Die Location kann noch so schön sein. Wenn sie nicht für eure geplante Gästeanzahl ausgelegt ist, dann ist sie nichts für euch.

Alternativ müsst ihr euch entscheiden, was wichtiger ist: Die Location oder die Anzahl der Gäste?

Sind wir an bestimmte Dienstleister gebunden?

Viele Locations bieten heutzutage auch direkt das Catering mit an. Manchmal sind auch die Service-Kräfte schon bei der Buchung mit drin. Sogar mit Floristen oder anderen Dekorateuren wird häufig zusammengearbeitet. Alles selbst aussuchen, klappt da nicht immer.

Klärt im Vorfeld unbedingt ab, welche Dienstleistungen die Location übernimmt, ob sie feste Partner hat oder ihr nur die Räumlichkeiten zur Verfügung gestellt bekommt und euch um den Rest allein kümmern müsst.

Gut zu wissen

Der Vorteil von festen Partnern ist, dass sie die Location bereits kennen. Der Caterer weiß, wie die Küche aufgebaut ist oder wo er welche Dinge abstellen kann. Auch der DJ kennt seinen Platz und muss sich nicht vorab über die vorhandene Technik informieren. Das kann die Planung wesentlich leichter gestalten.

Ist an Räumlichkeiten alles vorhanden?

Die Hochzeitstorte schmilzt dahin, weil ihr keine Kühlmöglichkeit habt. Das wäre doch ein Albtraum!

Geht deshalb sicher, dass ihr für alle Eventualitäten gerüstet seid. Im Idealfall verfügt eure Location über einen Kühlraum, den ihr mitnutzen dürft, einen Raum für eure Geschenke, die Fotobox oder die Kinderbetreuung und – ja es darf nicht vergessen werden – Toiletten.

Tipp

Eine Behindertentoilette oder eine große Kabine kann wunderbar zur Braut-Toilette umfunktioniert werden. So habt ihr auch mit dem wuchtigsten Kleid keine Platzprobleme.

Und wenn alles perfekt sein soll, sind die auch nicht im dritten Stock ohne Aufzug. Das könnte euren Großeltern so gar nicht gefallen.

Gibt es eine zuverlässige Ansprechperson?

Die meisten Planungsschritte müssen auch im Nachhinein noch mit der Location abgesprochen werden. Dürft ihr zum Beispiel ein Feuerwerk machen oder könnt ihr zwei Tage vor der Feier noch den Plan zur Aufstellung der Tische ändern?

Wenn ihr eine Location habt, die mit einer fähigen Ansprechperson daherkommt, habt ihr den Jackpot gefunden. Die Verantwortlichen gehen mit euch den genauen Plan durch, kümmern sich um eventuelle Änderungen und wissen für gewöhnlich über alles Bescheid, was ihr dürft und was leider nicht machbar ist.

Ob euer Ansprechpartner verlässlich ist, zeigt sich meist schon im ersten Gespräch. Wenn alle eure Fragen zügig und verständlich beantwortet werden, ihr Informationen bekommt, an die ihr nicht mal selbst gedacht habt und auf E-Mails auch nicht erst fünf Tage später geantwortet wird, seid ihr in guten Händen.

Budget

Gibt es ein Paket- oder Pauschalangebot?

Wenn eure Wunschlocation schon viele Hochzeiten ausgerichtet hat, dann gibt es oft auch ein Angebot speziell für Hochzeiten. Darin sind meist die Tische und Stühle samt Gedeck enthalten oder es existiert eine Pauschale für den Aufbau der Bänke an der freien Trauung.

Wenn eure Location auch das Catering übernimmt, ist eine Getränkepauschale oder ähnliches nicht selten. Mit Paketpreisen lässt sich meist einiges an Geld sparen. Fragt unbedingt nach!

Tipp

Schaut bei den Paketen trotzdem genau hin, was alles enthalten ist. Eine Getränkepauschale klingt im ersten Moment super, wenn die aber nur für Wasser gilt, müsst ihr noch einmal nachrechnen.

Gibt es versteckte Kosten?

Oft hört sich erstmal alles super an, aber wenn später die Rechnung kommt, sieht alles anders aus. Versteckte Kosten finden sich oft bei Kleinigkeiten.

Wenn ihr zum Beispiel nach Mitternacht noch weiterfeiern möchtet, verlangen viele Anbieter einen Nachtzuschlag.

Das Geschirr und die Tische und Stühle werden gratis von eurer Location gestellt? Super! Aber Vorsicht: die Hussen könnten extra kosten.

Ihr habt in eurem Paket 300 Cocktails enthalten? Dann klärt ab, was passiert, wenn der 301. Cocktail bestellt wird.

Lest euch die Angebote daher immer ganz genau durch. Nochmal nachzufragen ist meist günstiger, als blind zu vertrauen.

Wann können wir vom Vertrag zurücktreten?

Wenn alles soweit passt, kommt der Vertrag und meist eine Anzahlung. Wie bei allen Verträgen gilt hier: auf das Kleingedruckte achten.

Was, wenn einer von euch unvermittelt krank wird? Sichert euch ab, in welchen Fällen ihr von dem Vertrag zurücktreten könnt.

Gut zu wissen

Auch die Location kann schuld sein. Was passiert zum Beispiel bei einer Doppelbuchung? Stellt sicher, dass ihr im Ernstfall nicht vertraglich im Nachteil seid.

10 Fragen an die Location

Damit ihr nochmal alles übersichtlich gesammelt habt, hier nochmal alle wichtigen Fragen an die Location:

- Passt die Örtlichkeit zu uns?
- Können wir so heiraten, wie wir es wollen?
- Können unsere Gäste auch alle bequem anreisen?
- Bietet die Location genug Platz?
- Sind wir an bestimmte Dienstleister gebunden?
- Ist an Räumlichkeiten alles vorhanden?
- Gibt es eine zuverlässige Ansprechperson?
- Gibt es ein Paket- oder Pauschalangebot?
- Gibt es versteckte Kosten?
- Wann können wir vom Vertrag zurücktreten?

Tipp

Nehmt die Fragen mit zur Besichtigung, damit ihr nichts vergesst!

Zum Schluss noch eine wichtige Anmerkung. Holt euch unbedingt mehrere Angebote ein und besichtigt so viele Locations wie ihr könnt. Auch wenn euch nicht alle Standorte überzeugen, so geben sie euch doch Ideen und Eindrücke, die euch später helfen können.

Verschiedene Angebote einzuholen, gibt euch die Möglichkeit zu vergleichen und abzuwägen. Die meisten Anbieter haben eine Hochzeitsmappe, die sie euch zuschicken oder die ihr bei der Besichtigung mitbekommt. Alles Wichtige ist darin zusammengefasst.

Tipp

Auch Negativ-Beispiele können für die weitere Suche hilfreich sein. So könnt ihr euch ein Bild davon verschaffen, was ihr nicht wollt, oder euch fallen Dinge auf, auf die ihr bei der nächsten Besichtigung besonders achtet. Lasst euch nicht abschrecken!

Und jetzt heißt es: vergleichen, vergleichen, vergleichen!

Mögliche Locations

Location 1:

Hat es uns beiden hier gefallen?

☐ Ja ☐ Nein

Liegt das alles auch noch im Budget?

☐ Ja ☐ Nein

Ist das unsere Hochzeitslocation?

☐ Ja ☐ Nein

Location & Catering

Das hat uns gefallen:

Das fanden wir doof:

Im Angebot dabei:

Darum müssten wir uns selbst noch kümmern:

Das sind die Kosten:

Location 2:

Hat es uns beiden hier gefallen?

☐ Ja ☐ Nein

Liegt das alles auch noch im Budget?

☐ Ja ☐ Nein

Ist das unsere Hochzeitslocation?

☐ Ja ☐ Nein

Das hat uns gefallen:

Das fanden wir doof:

Im Angebot dabei:

Darum müssten wir uns selbst noch kümmern:

Das sind die Kosten:

Location 3:

Hat es uns beiden hier gefallen?

☐ Ja ☐ Nein

Liegt das alles auch noch im Budget?

☐ Ja ☐ Nein

Ist das unsere Hochzeitslocation?

☐ Ja ☐ Nein

Das hat uns gefallen:

Das fanden wir doof:

Im Angebot dabei:

Darum müssten wir uns selbst noch kümmern:

Das sind die Kosten:

Catering

Egal ob eure Location das Catering übernimmt, ihr einen festen Partner beschäftigt oder euch selbst um alles kümmert: für Essen und Trinken will gesorgt sein.

Auch hier gibt es wieder einiges zu beachten. Und viele Entscheidungen zu treffen.

Buffet oder Menü?

Das ist wahrscheinlich eine der ersten Fragen, die der Caterer an euch hat.

Die Entscheidung ist aber gar nicht unbedingt einfach. Je nach Anzahl der Gäste, Essensvorlieben und Location kann das eine oder andere besser passen. Hier habt ihr eine Liste der Vor- und Nachteile. Dann könnt ihr entscheiden, was besser in eure Planung passt.

Tipp

Fragt nach, ob es möglich ist, Menü und Buffet zu kombinieren. So könnten eure Gäste beispielsweise die Vorspeise am Tisch serviert bekommen, und sich ihre Haupt- und Nachspeise am Buffet aussuchen. Das sorgt für Abwechslung und eure Gäste müssen nicht ständig umherlaufen oder – auf der anderen Seite – den Abend nur auf dem Stuhl verbringen.

Location & Catering

Buffet

Vorteil:

- mehr Auswahl
- es kommt Bewegung in die Feier
- keine Vorab-Speisenwahl der Gäste nötig
- meist günstiger

Nachteil:

- eventuelle Wartezeiten
- beliebte Gerichte sind oft schnell leer

Menü

Vorteil:

- wirkt eleganter
- es entsteht kein Chaos
- jeder bekommt sein Essen zeitgleich

Nachteil:

- mehr Service-Personal wird gebraucht
- beschränkte Auswahl an Speisen

Wir entscheiden uns für:

- [ ] Buffet
- [ ] Menü
- [ ] Eine Mischung aus Beidem

Anmerkung

____

____

____

____

____

____

____

____

Tipp

Was tun, wenn Oma Inge doch unbedingt ihren berühmten Kirschkuchen mitbringen will? Auch wenn eure Location oder euer Caterer für die Gerichte sorgt: Anbieter lassen oft mit sich reden. Für Ausnahmen wie einen Kuchen von Oma zum Dessert sind sie meistens offen. Eventuell wird dann aber ein Tellergeld berechnet.

Wir fassen zusammen: Ja, ein Buffet kann günstiger sein. Dafür wirkt ein Menü eleganter. Letztendlich haben beide Varianten ihre Vorzüge. Bei der Wahl kommt es ganz darauf an, wie eure Hochzeit verlaufen soll.

Teilweise habt ihr auch die Möglichkeit, ein Show-Cooking-Event zu buchen. Das gibt es oft als BBQ, Pasta-Station oder Pizza-Ofen. Eure Gäste bekommen dann eine kleine Show geliefert und die Gerichte sind immer frisch.

Bei vielen Gästen ist ein Buffet in der Planung und für die Geldbörse wahrscheinlich die bessere Wahl. Außerdem sorgt es für eine lockere Stimmung. Für eine Schloss-Hochzeit mit Abendball-Flair ist dagegen ein Menü angemessener. Bedenkt in jedem Fall, dass ihr nie alle Gäste ausnahmslos zufrieden stellen könnt. Es wird immer den ein oder anderen geben, der etwas an eurer Entscheidung auszusetzen hat. Über Geschmack lässt sich schließlich nicht streiten. Das macht aber nichts. Es ist euer Tag – nicht der eurer Gäste.

Selbst ist das Brautpaar!

Können wir nicht einfach selbst für die Verpflegung sorgen? Im Prinzip schon. Zumindest, wenn eure Location das zulässt.

Falls ihr das Menü selbst machen wollt, seid euch aber im Klaren darüber, dass die letzten Wochen vor der Hochzeit noch mal sehr stressig für euch werden können. Kommt da auch noch die Realisierung eines Hochzeitsmenüs auf euch zu, habt ihr alle Hände voll zu tun. Ihr könnt aber natürlich auch Freunde und Familie um Hilfe bitten.

Für den Fall, dass ihr nicht alles selbst machen wollt, braucht ihr einen Caterer. Wie immer ist es empfehlenswert, sich viele verschiedene Angebote einzuholen und diese dann zu vergleichen.

Tut das auf den nächsten Seiten.

Mögliche Caterer

Caterer 1:

Ist das unser Caterer?

☐ Ja ☐ Nein

Das hat uns gefallen:

Das fanden wir doof:

Im Angebot enthalten:

Darum müssen wir uns noch kümmern:

Das sind die Kosten:

Caterer 2:

Ist das unser Caterer?

☐ Ja ☐ Nein

Das hat uns gefallen:

Das fanden wir doof:

Im Angebot enthalten:

Darum müssen wir uns noch kümmern:

Das sind die Kosten:

Caterer 3:

Ist das unser Caterer?

☐ Ja ☐ Nein

Das hat uns gefallen:

Das fanden wir doof:

Im Angebot enthalten:

Darum müssen wir uns noch kümmern:

Das sind die Kosten:

Die Menüauswahl

Egal, wie ihr euer Hochzeitsmenü anbietet: fast wichtiger ist, was ihr anbietet.

Auch hier gilt: ihr könnt es nicht jedem recht machen. Bei einer großen Feier, bei der viele verschiedene Menschen aufeinandertreffen, ist ein unterschiedlicher Geschmack nicht zu vermeiden. Macht euch also nicht zu viele Gedanken um einzelne Personen, sondern kümmert euch um die Mehrheit oder – im Zweifel – um eure persönlichen Vorlieben.

Tipp

Bedenkt bei der Menüauswahl nicht nur die Vegetarier unter euren Gästen. Auch Kinder haben andere Essgewohnheiten als die breite Masse. Mit exotischen oder piekfeinen Gerichten können sie oft wenig anfangen. Einfache Nudeln mit beliebiger Soße oder die guten, alten Pommes gehen aber immer.

Unser Hochzeits-Menü

Vorspeise

Hauptspeise

Dessert

Fingerfood

Für den Sektempfang empfiehlt es sich, ein paar Häppchen bereitzustellen. Fingerfood ist hier die ideale Wahl. So haben die Gäste trotzdem eine Hand für das Sektglas frei, müssen sich nicht unbedingt setzen und haben – praktisch wegen des Alkohols – schon etwas im Magen. Je nachdem, wann eure Trauung stattfindet und wie lange sie dauert, kann es nebenbei noch helfen, die vielleicht hungrigen Mäuler der Gäste vor dem tatsächlichen Dinner etwas zu beruhigen.

Als Fingerfood bieten sich – wie der Name schon sagt – Häppchen an, die mit den Fingern gegessen werden können.

Zu den beliebtesten gehören zum Beispiel:

- Canapés
- Brezeln
- Mini-Burger
- Melonen-Schinken-Spieße
- Mini-Frikadellen
- Tomate-Mozzarella-Spieße
- geschnittenes Obst/Früchte
- Kräuterbaguette

... und viele mehr.

Tipp

Pro Gast könnt ihr mit etwa drei Fingerfood-Häppchen pro Stunde rechnen.

Ihr möchtet Fingerfood ins Menü aufnehmen? Dann überlegt euch welches!

Mitternachts-Snack

Wenn es schon zu Anfang der Feier Häppchen gibt, warum dann nicht auch am Ende?

Das Dinner ist längst vorbei, es wird getanzt und getrunken. Was fehlt? Ein Snack. Besonders wenn ihr plant, bis spät in die Nacht zu feiern, sollte es auch immer genug Essen geben. Nach der ein oder anderen Tanzeinlage kommt ja schließlich doch noch mal Hunger auf.

Mittlerweile bieten die meisten Caterer daher einen sogenannten „Mitternachts-Snack" an. Der muss aber nicht zwangsläufig um Mitternacht serviert werden. Wie immer könnt ihr euch selbst aussuchen, wann es Zeit für eine weitere Essenspause ist. Auch hier habt ihr wieder die Qual der Wahl aus unterschiedlichen Angeboten. Das Fingerfood vom Sektempfang könnte natürlich wiederholt werden, aber jetzt darf es auch etwas sein, für das man sich wieder an den Tisch setzt.

Zum Beispiel:

- Currywurst
- Mini-Pizzen
- Käse-/Wurstplatte
- Brezeln
- Brotauswahl mit Aufstrich

Hört sich gut an? Dann sucht euch was aus!

Tipp

Falls ihr Vegetarier oder Veganer unter euren Gästen habt, solltet ihr darauf achten, dass auch sie auf ihre Kosten kommen. Eine Wurstplatte ohne Alternative könnte sonst für traurige Gesichter und knurrende Mägen sorgen.

Die Hochzeitstorte

Natürlich darf sie bei keiner Hochzeit fehlen:
die Hochzeitstorte.

Meistens sind die Hochzeitstorten nicht nur groß, sondern auch schwer und damit unhandlich. Hier ist also die Logistik entscheidend.

Wann muss die Torte abgeholt oder geliefert werden? Gibt es Kühlmöglichkeiten an der Location oder soll sie sofort nach ihrem Eintreffen angeschnitten werden? Habt ihr ein Auto, in dem die Torte sicher transportiert werden kann?

Am einfachsten macht ihr es euch, wenn ihr euren Konditor darum bittet, die Torte zu einem bestimmten Zeitpunkt zu liefern.

Für gewöhnlich ist das kein Problem und die Torte kommt dank den Profis heil und gekühlt bei euch an. So umgeht ihr außerdem den Stress, sie noch kurzfristig abholen zu müssen.

Neben der Logistik ist aber mindestens genauso wichtig: Was möchtet ihr denn eigentlich für eine Torte?

Buttercreme oder Marzipan, fruchtig oder lieber schokoladig – es gibt sie in allen Varianten.

Was darf es denn bei euch sein?

Gut zu wissen

Es muss übrigens nicht immer eine Torte sein. Vielleicht mögt ihr ja lieber Cupcakes, Cakepops oder einen französischen Croque en Bouche?

Tipp

Je nach Durchmesser und Höhe der Torte kann die Anzahl der Tortenstücke, die ihr aus eurer Torte bekommt, variieren. Fragt am besten bei eurem Konditor nach, wie groß die Torte bei eurer Gästeanzahl sein muss.

Unsere Hochzeitstorte

Form
- [ ] rund
- [ ] eckig
- [ ] individuell

Stil
- [ ] elegant
- [ ] verspielt
- [ ] klassisch
- [ ] individuell

Böden
- [ ] dunkel
- [ ] hell
- [ ] eingefärbt
- [ ] andere

Größe
- [ ] 1-stöckig
- [ ] 2-stöckig
- [ ] 3-stöckig
- [ ] 4-stöckig
- [ ] 5-stöckig
- [ ] 6-stöckig

Geschmack
- [ ] Schokolade
- [ ] Frucht
- [ ] Vanille
- [ ] andere

Deko
- [ ] Blumen
  - [ ] Marzipan
  - [ ] Fondant
  - [ ] echte
- [ ] Spritzgarnierung
- [ ] Figuren
- [ ] Bild
- [ ] andere

Ummantelung
- [ ] Marzipan
- [ ] Buttercreme
- [ ] Fondant
- [ ] Naked Cake
- [ ] Ganache
- [ ] andere

Füllung
- [ ] Buttercreme
- [ ] Sahne
- [ ] Joghurt
- [ ] Ganache
- [ ] andere

Farbe
- [ ] weiß
- [ ] zur Füllung passend
- [ ] zur Farbgebung der Hochzeit passend
- [ ] andere

Anmerkungen

____

____

____

____

____

____

Mögliche Konditoren

Der Konditor eurer Wahl ist ebenfalls eine Art Caterer. Auch hier solltet ihr also mehrere Angebote einholen (und gaaaaanz viel verkosten).

Konditor 1:

Das sind die Kosten:

Sehen die Torten toll aus?

☐ Ja ☐ Nein

Schmecken die Torten auch gut?

☐ Ja ☐ Nein

Wird die Torte geliefert?

☐ Ja ☐ Nein

Wird auf unsere Wünsche eingegangen?

☐ Ja ☐ Nein

Ist das unser Konditor?

☐ Ja ☐ Nein

Konditor 2:

Das sind die Kosten:

Sehen die Torten toll aus?

☐ Ja ☐ Nein

Schmecken die Torten auch gut?

☐ Ja ☐ Nein

Wird die Torte geliefert?

☐ Ja ☐ Nein

Wird auf unsere Wünsche eingegangen?

☐ Ja ☐ Nein

Ist das unser Konditor?

☐ Ja ☐ Nein

Getränke

Neben dem Essen dürfen natürlich auch die Getränke nicht fehlen.

Meistens könnt ihr euch auch hier auf eure Location oder euren Caterer verlassen. Oft gibt es Getränkepauschalen, bei denen ihr eine Art Flatrate pro Gast zahlt. Darin sind meist Softdrinks, also alkoholfreie Getränke enthalten. Manchmal bekommt ihr aber auch ein Angebot, in dem Bier, Wein oder sogar Spirituosen enthalten sind. Diese Angebote sind aber eher selten und für alkoholische Getränke gelten meist Sonderregeln. Diese können dann entweder nach Verbrauch berechnet werden oder ihr könnt sie – meist gegen Korkgeld – mitbringen.

Tipp

Solltet ihr einen Teil oder sogar alle eure Getränke selbst mitbringen, fragt bei einem großen Getränkehandel an, ob ihr dort auf Kommission bestellen könnt. Das bedeutet, ihr kauft eine gewisse Menge an Getränken, könnt aber alle nicht verbrauchten Flaschen wieder zurückgeben.

Kaffee und Tee

Beim Gedanken an Hochzeit und Getränke fallen den meisten wahrscheinlich nur Sekt und vielleicht noch etwas Wasser ein.

Aber oft wollen die Gäste auch etwas Warmes trinken. Ein Tee nach dem Essen oder Kaffee zur Hochzeitstorte passt ja schließlich auch gut. Achtet also darauf, ob euer Caterer auch warme Getränke bereitstellt.

Gut zu wissen

In Paket-Angeboten ist häufig von einer Getränkepauschale für nichtalkoholische Getränke die Rede. Heißgetränke bilden aber oft eine Ausnahme. Hier lohnt sich die Nachfrage.

Der Sektempfang

Er ist zwar kein Muss, aber doch auf den meisten Hochzeiten mit dabei: der Sektempfang.

Ihr könnt euch aussuchen, ob ihr ihn direkt nach dem Standesamt, der Trauung in der Kirche oder an eurer Feier-Location halten möchtet. Meist dient er als Hilfe für die Gäste, erst einmal richtig anzukommen oder um mit anderen Gästen ins Gespräch zu kommen.

Am besten sorgt ihr dafür, dass bei der Ankunft der Gäste schon alles bereitsteht und jeder nur noch zugreifen muss.

Für die Kinder, Fahrer oder Nicht-gerne-Sekt-Trinker unter den Gästen solltet ihr auch Wasser oder Säfte zur Verfügung stellen. Auch die Mischung aus Sekt und Orangensaft ist sehr beliebt.

Gut zu wissen

Heutzutage wird der klassische Sektempfang auch gerne abgewandelt. Je nach Stil eurer Hochzeit oder Stimmung der Gäste bietet sich zum Beispiel auch ein Bier-Empfang an. Oder ihr heißt eure Gäste mit verschiedenen Aperitifs wie Hugo oder Aperol Spritz willkommen. Werdet kreativ!

Service-Personal

Damit auf eurer Hochzeit alles problemlos abläuft, solltet ihr euch um Service-Personal kümmern. Hier sind nicht die zuvor angesprochenen Dienstleister wie Caterer oder Konditoren gemeint. Nein, hier geht es vor allem um Kellner und Helfer in der Küche.

Auch wenn ihr kein Menü am Tisch, sondern ein Büffet anbietet, muss sich irgendwer um die dreckigen Teller und leeren Gläser kümmern. Wer jetzt denkt, das könnten die Gäste doch selbst wegräumen, der irrt sich.

Die Gäste sind eben Gäste – und wollen auch so behandelt werden. Hier und da mal selbst Hand anzulegen ist zwar für gewöhnlich kein Problem, den Großteil des Tages oder Abends aber mit Aufräumen verbringen, möchte niemand.

Service-Personal wird in vielen Fällen vom Caterer mitgebracht. Manchmal müsst ihr euch aber selbst darum kümmern. Habt ihr aber erstmal jemanden gefunden, müssen eure Gäste nicht arbeiten und sitzen auch nicht auf dem Trockenen. Sie werden es euch danken.

Tipp

Um Geld zu sparen, könnt ihr natürlich auch Bekannte fragen, ob sie bei euch kellnern. Achtet aber darauf, dass es niemand ist, der für die etwas andere Art der Einladung zu eurer Hochzeit sauer wird. Auch für einen kleinen Lohn solltet ihr sorgen. Ob ihr mit Geld oder anderen Gefälligkeiten zahlt, müsst ihr absprechen.

Fotos, Musik und Moderation

Sie sorgen für Stimmung und Erinnerungen.

Wenn der grobe Rahmen für die Hochzeit gesetzt ist, also das Datum, die Trauung, die Gäste und der Ort der Veranstaltung feststeht, geht es an den spaßigen Teil.

Die Feier muss geplant werden. Jetzt spielen Bürokratie und Funktionalität nur noch die zweite Geige – hier zählt der Inhalt. Und die Person, die es möglich macht.

Fotografen, Musiker, vielleicht auch ein Moderator, der durch den Abend führt. Diese Dienstleister solltet ihr für eure Hochzeitsfeier engagieren. Wie ihr den richtigen für den Job findet und welche Extras ihr euch sparen könnt, verraten wir euch.

Die wichtigsten Dienstleister

Es gibt zahllose Möglichkeiten, eine Hochzeit zu feiern. Natürlich gibt es dann auch zu jeder Idee einen passenden Dienstleister, der euch ein Angebot machen will. Braucht ihr sie alle? Nein.

Tipp

Ein bereits angesprochener Tipp gilt auch hier: Vergleicht so viel ihr könnt.

Wir haben euch einige Dienstleister aufgeführt, die bei einer Hochzeit oft anzutreffen sind. Alle weiteren sind nicht unbedingt nötig und können, müssen aber nicht engagiert werden. Ihr dürft hier schon gerne auswählen, was für euch definitiv in Frage kommt.

- ☐ Caterer
- ☐ Konditor
- ☐ Papeterie/Druckerei
- ☐ Trauredner
- ☐ Fotograf
- ☐ Videograf
- ☐ Musiker (Band oder DJ)
- ☐ Moderator
- ☐ Florist
- ☐ Friseur & Visagist

Gut zu wissen

Dienstleister gibt es für fast jede Aufgabe, die auf einer Hochzeit anfällt. Für welche dieser Anforderungen ihr einen Dienstleister beschäftigen wollt, oder welcher Anbieter sich am besten eignet, entscheidet ihr aber selbst.

Über Caterer und Konditoren haben wir euch schon informiert. Beide sorgen für eure Verpflegung. Natürlich könnt ihr dabei in beiden Fällen auch auf Familie und Freunde zurückgreifen oder alles selbst in die Hand nehmen. Das wird aber nicht nur viel Arbeit und stressig, auch die Logistik ist nicht ganz einfach. Wo kühlt man denn schließlich eine fünfstöckige Torte und ein Vier-Gänge-Menü für 100 Gäste?

Gut zu wissen

Dienstleister egal welcher Art leiden unter der hohen Inflation der letzten Zeit. Daher gilt auch hier: eine frühe Entscheidung kann euch den besten Preis sichern. Wartet ihr zu lang, können sich die Preise der einzelnen Anbieter wieder erhöhen.

Wenn ihr euch diese Überlegungen sparen wollt: bucht einen entsprechenden Profi.

Zu den anderen Dienstleistern können wir euch ebenfalls so einiges erzählen. Die Ratschläge und Tipps kommen von uns, entscheiden tut aber letztendlich immer ihr.

Papeterie/Druckerei

Hier geht es um alles, das gedruckt werden muss. Einladungen, Tischkarten und auch die später folgenden Dankeskarten werden von den meisten Paaren nicht alle einzeln und handschriftlich verfasst, sondern einer Druckerei oder einem Online-Dienst anvertrauen. Die Profis haben meist viele verschiedene Muster, aus denen ihr passend zu eurem Stil oder eurer Farbgebung auswählen könnt. Das Muster könnt ihr dann individuell gestalten und anpassen.

In einem separaten Kapitel gehen wir noch genauer auf die Papeterie und deren Inhalte ein. Informieren, welche Anbieter für euch in Frage kommen, könnt ihr euch aber schon jetzt.

Gut zu wissen

Wenn ihr ein einziges Unternehmen für all eure gedruckten Wünsche beauftragt, bekommt ihr in der Regel den besseren Preis, als wenn ihr alles einzeln in Auftrag gebt. Auch der Stil eurer Karten und Schilder kann dadurch einheitlich gestaltet werden.

Trauredner

Solltet ihr euch für eine freie Trauung entschieden haben, braucht ihr auch noch einen Trauredner. Dieser übernimmt – wie der Priester oder Pfarrer in der Kirche – die Aufgabe, euch zu Mann und Frau zu erklären. Damit er das auch glaubwürdig tun kann, hält er davor für gewöhnlich eine kurze Rede, in der es um euch geht. Diese sogenannte Traurede ist immer sehr individuell an das jeweilige Paar angepasst und gibt der Zeremonie eine persönliche Note.

Natürlich muss dafür vorher mit euch gesprochen werden. In einem oder sogar mehreren Gesprächen lernt ihr euch gegenseitig kennen und erstellt gemeinsam einen Plan, wie die Trauung im Detail ablaufen soll. Da ihr bei einer freien Trauung nicht an das Standesamt oder die Kirche und deren Vorgaben geknüpft seid, könnt ihr hier kreativ werden.

Wer sagt zum Beispiel, dass der Bräutigam schon am Altar warten muss und nur die Braut ihren großen Auftritt bekommt?

Ihr könnt auch zusammen einlaufen oder einen Extra-Auftritt für den Bräutigam einplanen.

Tipp

Zu dem Traugespräch könnt ihr auch eure Trauzeugen oder Familienmitglieder mitnehmen. Sicherlich kennen sie einige Geschichten über euch, die die Traurede denkwürdig werden lässt. Außerdem hilft das eurem Trauredner zu sehen, wie ihr mit anderen Personen umgeht und kann eure Persönlichkeit dadurch besser einschätzen. Seid ihr eher locker oder doch sehr zurückhaltend? Entsprechend kann die Traurede an euch angepasst werden.

Fotograf

Von den Dienstleistern ist er wahrscheinlich (nach dem Caterer) der wichtigste Angestellte auf eurer Hochzeit. Er sorgt schließlich dafür, dass ihr euch auch im Nachhinein an den schönsten eurer Tage erinnern könnt.

Theoretisch könnt ihr auch hier wieder ganz auf Freunde und Familie setzen, die während eurer Hochzeit wahrscheinlich ohnehin einige Fotos schießen werden. Wirklich professionell wird es aber erst durch einen Hochzeitsfotografen. Der hat meist auch ein geschultes Auge und weiß genau, wann er wo sein muss, um ein schönes Bild zu knipsen.

Auf die Anfrage bei einem Fotografen hin, werden ihr meist erst einmal zu einem persönlichen Gespräch eingeladen. Dort lernt ihr euch kennen und sprecht eure Vorstellungen der Hochzeit mit dem Fotografen ab. Das Ganze hat einen großen Vorteil für euch: ihr lernt den Menschen hinter der Kamera kennen und könnt entscheiden, ob seine Persönlichkeit und Arbeitsweise zu euch passt – die Chemie muss stimmen, sonst entstehen keine schönen Bilder.

Achtet bei dem Gespräch auch unbedingt auf die Details des Angebots. Wird euer Fotograf nach Stunden bezahlt? Wie viele Bilder bekommt ihr am Ende des Tages garantiert geliefert? In welchem Format bekommt ihr die Fotos? Werden sie auch alle nachbearbeitet?

Fragt in jedem Fall nach, was passiert, wenn der Fotograf am Tag eurer Hochzeit (krankheitsbedingt o.ä.) nicht arbeiten kann. Meist wird in einer solchen Situation ein Ersatz geschickt, um den der Fotograf sich kümmert.

Tipp

Viele Fotografen bieten mittlerweile ein Vorab-Shooting unter dem Namen „Engagement-Shooting“ an. In so einem Paar-Shooting könnt ihr euch ein besseres Bild der Arbeit mit dem Fotografen machen und übt schonmal für euer Hochzeits-Porträt.

Gut zu wissen

Es gibt auch Fotografen-Paare, die ihr gemeinsam für eure Hochzeit engagieren könnt. Das hat den Vorteil, dass am Ende noch mehr Bilder zur Auswahl stehen. Außerdem sehen vier Augen bekanntlich mehr als zwei. Ist der eine Fotograf gerade beschäftigt, findet der andere vielleicht den Schnappschuss des Tages.

Videograf

Ausgehend von dem Namen könnt ihr euch sicher schon denken, für was ein Videograf bei einer Hochzeit verantwortlich ist: das Hochzeitsvideo.

Auch früher schon wurden gerne kleine Videos von der Trauung oder dem tanzenden Brautpaar gemacht. In den letzten Jahren hat sich dieser Trend verfestigt und heraus kam das Hochzeitsvideo. Darunter ist nicht einfach ein lockerer Zusammenschnitt verschiedener Video-Clips zu verstehen, die am Tag eurer Hochzeit von den Gästen aufgenommen wurden. Ein Videograf begleitet euch gewöhnlich für den ganzen oder zumindest den Großteil eures besonderen Tages.

Vom Fertigmachen über die Trauung bis hin zur Feier am Abend entsteht so ein professionell gedrehtes Video, das den ganzen Tag für euch zusammenfasst. Ihr könnt das natürlich auch mit einem Hochzeitsalbum und Fotos erreichen. Ein Video ist aber bei der nächsten Familienfeier sicher lieber gesehen als ein Album, in das immer nur zwei Leute gleichzeitig reinschauen können.

Tipp

Fotografen und Videografen arbeiten oft zusammen und sind daher auch häufig im Paket zu buchen. Dadurch könnt ihr sparen und habt am Ende auch nicht alle Motive doppelt, weil die Anbieter sich aufeinander abstimmen.

Musiker

Was ist denn nun besser? Band oder DJ?

Wie so oft liegt die Entscheidung ganz bei euch. Ein DJ ist für gewöhnlich günstiger und kann mit verschiedenen Musikrichtungen punkten. Eine Band dagegen, bringt das Live-Gefühl mit und gehört zu einer Hochzeit mit Rock'n'Roll-Motto auch einfach dazu.

Informiert euch am besten über beide Varianten und entscheidet dann, was besser zu eurer Feier passt.

Gut zu wissen

Wenn eure Musiker nur bis zu einer bestimmten Uhrzeit gebucht sind, könnt ihr euch auch eine eigene Playlist zusammenstellen und diese dann über die Boxen abspielen. Besonders zu späterer Stunde, stört das die Gäste nicht – Hauptsache es läuft Musik und es kann getanzt werden.

Moderator

In Deutschland ist er zwar noch nicht der Normalfall, aber er wird immer öfter zum Thema: der Hochzeitsmoderator. Vielleicht fragt ihr euch jetzt, wozu ihr einen solchen Moderator – oder auch „Tamada" – benötigt.

Ein Hochzeitsmoderator tut genau das – er moderiert die Hochzeit. Aber er kann auch noch mehr als nur verkünden, dass das Buffet jetzt eröffnet ist.

Solltet ihr euch für einen Hochzeitsmoderator entscheiden, gewinnt ihr (zumindest für die Dauer eurer Hochzeit) einen neuen besten Freund. Der Moderator kümmert sich um den Ablauf der Feier und die einzelnen Programmpunkte, übernimmt nach Wunsch die Traurede, koordiniert eure Dienstleister, führt eure Gäste durch den Tag und Abend und ist der Ansprechpartner für alles und jeden.

Besonders bei großen Hochzeiten kann er also ein echter Segen sein. Bei Problemen oder Fragen werdet nicht ihr genervt, sondern der Moderator kümmert sich darum. Das gibt euch die Möglichkeit abzuschalten, und eure Hochzeit sozusagen als Ehrengast – nicht als Organisator und Mädchen für alles – erleben zu können.

Tipp

Die meisten Hochzeitsmoderatoren können ihren Job auch auf mehreren Sprachen ausüben. Für eine Feier mit gemischten Kulturen also perfekt!

Gut zu wissen

Hochzeitsmoderatoren können sehr oft als Paket zusammen mit einem DJ oder Sänger gebucht werden. So ist für Moderation und Musik nicht nur gleichzeitig gesorgt, die Verantwortlichen sind auch aufeinander abgestimmt und ein eingespieltes Team.

Florist

Die Person mit dem grünen Daumen sorgt für eure Blumendekoration. Große Gestecke, kleine Tischdekorationen und natürlich der Brautstrauß – alles erhaltet ihr beim Floristen. Setzt euch am besten frühzeitig mit ihm zusammen, damit er euch nicht nur gut beraten kann, sondern auch eure Lieblingsblumen für den großen Tag vorbestellen kann.

Gut zu wissen

Wenn ihr für eure Hochzeit einen Blumenbogen möchtet, unter dem ihr euch trauen lasst oder durch den ihr hindurchschreiten könnt, findet ihr auch den bei eurem Floristen. Meist bieten sie solche Bögen zum Verleih an.

Friseur & Visagist

Noch nie davon gehört? Dann wird es spätestens am Tag der Hochzeit Zeit dafür. Um einen Bad-Hair-Day zu vermeiden oder sich vor dem großen Tag die Mähne nochmal stutzen zu lassen, ist ein Friseurbesuch empfehlenswert.

Oft bieten die Friseure auch gleich den kompletten Service an und übernehmen auch die Rolle des Visagisten. Für die Braut bedeutet das: Haare und Make-Up in einem.

Tipp

Ihr habt schon eine genaue Vorstellung davon, wie eure Haare sitzen sollen oder welches Make-Up ihr tragen möchtet? Dann solltet ihr in jedem Fall einen Probetermin bei eurem Friseur und Visagisten ausmachen. Dabei könnt ihr testen, ob euch der Look auch tatsächlich an euch selbst gefällt.

Ihr habt schon klare Vorstellungen für Frisur und Make-Up? Hier könnt ihr sie notieren:

Foto und Musik im Detail

Der Fotograf und der Musiker sind (neben dem Catering) die größten Punkte bei den Dienstleistern. Ihr werdet bei der Planung viel Zeit mit ihnen verbringen, alles genau absprechen und das richtige Timing austüfteln. Deshalb solltet ihr euch auch etwas detaillierter mit diesen beiden Punkten befassen.

Der Fotograf

Die Erinnerung an euren Hochzeitstag werdet ihr hoffentlich für immer behalten. Falls sie aber doch mal etwas verblassen sollte, helfen euch Fotos, sie wieder aufzufrischen. Genau deshalb ist euer Fotograf auf der Hochzeit auch so wichtig. Er fängt die schönsten Momente des Tages ein.

Wie wir schon erwähnt haben, ist es besonders wichtig, dass die Chemie zwischen euch und eurem Fotografen stimmt. Wenn ihr ganz andere Vorstellungen von einem schönen Bild habt oder ihr auf menschlicher Ebene einfach nicht gut zusammenpasst, kann es passieren, dass sich das in euren Bildern widerspiegelt. Ein Hochzeitsporträt, in dem jeder merkt, wie unwohl ihr euch gerade fühlt? Das will doch keiner.

Sucht euch also einen Fotografen aus, mit dem ihr auf einer Wellenlänge seid. Meist merkt ihr das schon nach dem ersten Austausch.

Bevor es aber dazu kommt, sollte euch natürlich auch seine Arbeit selbst überzeugen. Jeder Fotograf hat schließlich seinen eigenen Stil, der sich in seinen Bildern zeigt. Fotografen haben meist eine ausführliche Internet-Präsens. Ihr könnt euch also das Portfolio des Fotografen vorab schon einmal auf seiner Website, Instagram oder Facebook ansehen.

Während ihr nach Bildern schaut, könnt ihr euch auch gleich Ideen für eure eigenen Fotos holen. Vermerkt euch schöne Posen, druckt ein paar Bilder aus und zeigt sie später eurem Fotografen, damit er eine Vorstellung davon bekommt, was euch gefällt.

Eure Ideen und Anmerkungen könnt ihr hier festhalten:

Die Musik

Ab auf die Tanzfläche, es wird abgezappelt!

So oder so ähnlich sollen eure Gäste im besten Fall reagieren, wenn die Party-Zeit eurer Hochzeit beginnt. Um zu diesem Ziel zu gelangen, braucht es vor allem eins: gute Musik. Und die bekommt ihr von wo? Klar. Vom DJ oder der Band.

Egal, für was ihr euch entscheidet, Musik sollte auf keiner Hochzeit fehlen. Dabei gibt es allerdings einiges zu bedenken. Wann braucht ihr denn überhaupt Musik?

Da wäre die Musik ...

- während der Trauung
- als Hintergrund beim Sektempfang und beim Essen
- zu eurem ersten gemeinsamen Tanz
- zum Tanzen für alle
- die eventuell bei Spielen o.ä. im Hintergrund läuft

Zu jedem dieser Anlässe solltet ihr euch überlegen, welche Musik gespielt werden soll. Es muss auch nicht zwangsweise eine genaue Playlist für jede Minute erstellt werden, der gebuchte Musiker kommt ja schließlich auch mit Ideen und vorgefertigten Playlists.

Ihr könnt euch aber überlegen, welche Musikrichtung euch gefällt.

Und auch eure absoluten Lieblingssongs sollten ihren Weg auf die Musikliste finden.

Unsere Musikwünsche

Diese Songs müssen unbedingt auf die Liste:

Diese Lieder dürfen NICHT gespielt werden:

Das Lied zum Hochzeitstanz

Ein bestimmtes Lied solltet ihr euch aber auf jeden Fall gut überlegen und definitiv aufschreiben und an euren Musiker weitergeben: das Lied zu eurem Hochzeitstanz. Das ist nämlich auf jeder Hochzeit ein anderes. Oder kann es zumindest sein.

Falls ihr noch so gar keine Ahnung habt, was euer Lied zum Tanzen werden könnte, orientiert euch doch an den Songs, die in den letzten Jahren immer wieder gern als Hochzeitslieder gewählt wurden. Dabei sind Klassiker, und die, die es werden wollen.

- All of Me – John Legend
- Ain't no Mountain High Enough – Marvin Gaye
- Thinking Out Loud – Ed Sheeran
- A Thousend Years – Christina Perry
- Das Beste – Silbermond
- Chasing Cars – Snow Patrol
- Love Me Like You Do – Ellie Goulding
- Can't Help Falling In Love – Elvis Presley
- Unter die Haut – Tim Bendzko & Cassandra Steen
- Perfect – Ed Sheeran

Natürlich ist das nur eine sehr kleine Auswahl. Im Netz findet ihr zahlreiche Top-Ten-Listen oder Vorschläge, die euch sowohl moderne als auch klassische Lieder zum Hochzeitstanz empfehlen.

Unser Lied zum Hochzeitstanz ist:

____

____

____

Tipp

Für den Hochzeitstanz nehmen viele Paare noch einmal extra Tanzstunden. Die gibt es speziell für Hochzeitstänze. Ihr könnt aber auch einfach so tanzen, wie ihr Lust habt.

Gut zu wissen

Ihr könnt eure Gäste auch mit einem völlig untypischen Hochzeitslied überraschen. Oder – für den Fall, dass ihr nicht gerne im Mittelpunkt steht – ein paar eurer Freunde und Familien mit ins Boot holen und einen gemeinsamen Tanz einüben.

Angebote

Jetzt, wo ihr über die einzelnen Dienstleister Bescheid wisst, müsst ihr sie nur noch buchen. Denkt daran, dass euch viele Vergleiche dabei helfen, das perfekte Angebot für euch zu finden. Fragt lieber bei einem Anbieter mehr an als bei einem zu wenig.

Angebot für:

____

Adresse:

____

____

____

Das sind die Besonderheiten:

____

____

____

____

Im Angebot ist alles enthalten, was wir brauchen.

☐ Ja ☐ Nein

Der Anbieter ist uns sympathisch.

☐ Ja ☐ Nein

Auch das Kleingedruckte im Vertrag passt.

☐ Ja ☐ Nein

Haben wir uns für diesen Anbieter entschieden?

☐ Ja ☐ Nein

Das sind die Kosten:

____

Angebot für:

Im Angebot ist alles enthalten, was wir brauchen.

☐ Ja ☐ Nein

Adresse:

Der Anbieter ist uns sympathisch.

☐ Ja ☐ Nein

Auch das Kleingedruckte im Vertrag passt.

☐ Ja ☐ Nein

Das sind die Besonderheiten:

Haben wir uns für diesen Anbieter entschieden?

☐ Ja ☐ Nein

Das sind die Kosten:

Angebot für:

Im Angebot ist alles enthalten, was wir brauchen.

☐ Ja ☐ Nein

Adresse:

Der Anbieter ist uns sympathisch.

☐ Ja ☐ Nein

Auch das Kleingedruckte im Vertrag passt.

☐ Ja ☐ Nein

Das sind die Besonderheiten:

Haben wir uns für diesen Anbieter entschieden?

☐ Ja ☐ Nein

Das sind die Kosten:

Angebot für:

Im Angebot ist alles enthalten, was wir brauchen.

☐ Ja ☐ Nein

Adresse:

Der Anbieter ist uns sympathisch.

☐ Ja ☐ Nein

Auch das Kleingedruckte im Vertrag passt.

☐ Ja ☐ Nein

Das sind die Besonderheiten:

Haben wir uns für diesen Anbieter entschieden?

☐ Ja ☐ Nein

Das sind die Kosten:

Fotos & Musik

Angebot für:

Im Angebot ist alles enthalten, was wir brauchen.

☐ Ja ☐ Nein

Adresse:

Der Anbieter ist uns sympathisch.

☐ Ja ☐ Nein

Auch das Kleingedruckte im Vertrag passt.

☐ Ja ☐ Nein

Das sind die Besonderheiten:

Haben wir uns für diesen Anbieter entschieden.

☐ Ja ☐ Nein

Das sind die Kosten:

Angebot für:

Adresse:

Das sind die Besonderheiten:

Im Angebot ist alles enthalten, was wir brauchen.

☐ Ja ☐ Nein

Der Anbieter ist uns sympathisch.

☐ Ja ☐ Nein

Auch das Kleingedruckte im Vertrag passt.

☐ Ja ☐ Nein

Haben wir uns für diesen Anbieter entschieden?

☐ Ja ☐ Nein

Das sind die Kosten:

Angebot für:

Adresse:

Das sind die Besonderheiten:

Im Angebot ist alles enthalten, was wir brauchen.

☐ Ja ☐ Nein

Der Anbieter ist uns sympathisch.

☐ Ja ☐ Nein

Auch das Kleingedruckte im Vertrag passt.

☐ Ja ☐ Nein

Haben wir uns für diesen Anbieter entschieden.

☐ Ja ☐ Nein

Das sind die Kosten:

Angebot für:

Adresse:

Das sind die Besonderheiten:

Im Angebot ist alles enthalten, was wir brauchen.

☐ Ja ☐ Nein

Der Anbieter ist uns sympathisch.

☐ Ja ☐ Nein

Auch das Kleingedruckte im Vertrag passt.

☐ Ja ☐ Nein

Haben wir uns für diesen Anbieter entschieden.

☐ Ja ☐ Nein

Das sind die Kosten:

Angebot für:

Adresse:

Das sind die Besonderheiten:

Im Angebot ist alles enthalten, was wir brauchen.

☐ Ja ☐ Nein

Der Anbieter ist uns sympathisch.

☐ Ja ☐ Nein

Auch das Kleingedruckte im Vertrag passt.

☐ Ja ☐ Nein

Haben wir uns für diesen Anbieter entschieden?

☐ Ja ☐ Nein

Das sind die Kosten:

Angebot für:

____

Adresse:

____

____

____

Das sind die Besonderheiten:

____

____

____

____

Im Angebot ist alles enthalten, was wir brauchen.

☐ Ja ☐ Nein

Der Anbieter ist uns sympathisch.

☐ Ja ☐ Nein

Auch das Kleingedruckte im Vertrag passt.

☐ Ja ☐ Nein

Haben wir uns für diesen Anbieter entschieden.

☐ Ja ☐ Nein

Das sind die Kosten:

____

Angebot für:

____

Adresse:

____

____

____

Das sind die Besonderheiten:

____

____

____

____

Im Angebot ist alles enthalten, was wir brauchen.

☐ Ja ☐ Nein

Der Anbieter ist uns sympathisch.

☐ Ja ☐ Nein

Auch das Kleingedruckte im Vertrag passt.

☐ Ja ☐ Nein

Haben wir uns für diesen Anbieter entschieden?

☐ Ja ☐ Nein

Das sind die Kosten:

____

Dienstleister-Übersicht

Unser Caterer ist:

E-Mail:

Adresse:

Website:

Notizen:

Telefon:

Fotos & Musik

Unser Konditor ist:

E-Mail:

Adresse:

Website:

Notizen:

Telefon:

Unser Trauredner ist:

E-Mail:

Adresse:

Website:

Notizen:

Telefon:

Unser Fotograf ist:

E-Mail:

Adresse:

Website:

Notizen:

Telefon:

Unser Musiker ist:

E-Mail:

Adresse:

Website:

Notizen:

Telefon:

Unser Florist ist:

E-Mail:

Adresse:

Website:

Notizen:

Telefon:

Unser Friseur ist:

Adresse:

Telefon:

E-Mail:

Website:

Notizen:

Fotos & Musik

Unser ______ ist:

Adresse:

Telefon:

E-Mail:

Website:

Notizen:

Fotos & Musik

Unser ______ ist:

Adresse:

Telefon:

E-Mail:

Website:

Notizen:

Unser ______ ist:

Adresse:

Telefon:

E-Mail:

Website:

Notizen:

Unser ______________ ist:

E-Mail:

Adresse:

Website:

Notizen:

Telefon:

Unser ______________ ist:

E-Mail:

Adresse:

Website:

Notizen:

Telefon:

Unser ______ *ist:*

Adresse:

Telefon:

E-Mail:

Website:

Notizen:

Unser ______ *ist:*

Adresse:

Telefon:

E-Mail:

Website:

Notizen:

Der Ablauf des großen Tages

Gut geplant, ist halb gewonnen.

Um alles Wichtige habt ihr euch jetzt gekümmert. Zumindest um die Dinge, bei denen ihr schnell sein müsst oder andere Leute miteinbezieht. Jetzt geht es aber in die Detailplanung. Genauer gesagt, um den Ablauf eures großen Tages.

Die Dienstleister stehen bereit, jetzt gilt es, alles in die richtige Reihenfolge zu bringen.

Die Vorbereitungen

Am Tag eurer Hochzeit habt ihr viel zu tun. Die letzten Vorbereitungen werden getroffen, vielleicht müsst ihr euch auch noch um die Dekoration kümmern oder noch in letzter Minute etwas Wichtiges abholen.

Der Start in den Tag sieht aber bei jedem anders aus. Die einen rennen den halben Tag nur von A nach B, weil sie zu aufgeregt sind und alles perfekt ablaufen soll. Die anderen versuchen, so gut wie möglich die Ruhe zu bewahren und den Tag entspannt anzugehen.

Zu welcher Sorte auch immer ihr gehört: ein Zeitplan kann nicht schaden. Schreibt euch am besten eine To-Do-Liste, auf der alles steht, was ihr noch zu tun habt, bevor ihr in der Kirche oder bei eurer Location in die Feier startet.

Tipp

Natürlich könnt ihr eure letzten Aufgaben auch an eure Trauzeugen, Eltern oder Freunde weitergeben. Ihr solltet euch an eurem besonderen Tag schließlich so gut wie möglich entspannen. Bedenkt aber auch, dass eure Gäste ebenfalls etwas Zeit brauchen, um sich auf die Feier vorzubereiten.

To-Do-Liste

Aufgabe	*Uhrzeit*	*wird erledigt von*	*erledigt*
			☐
			☐
			☐
			☐
			☐
			☐
			☐
			☐
			☐
			☐
			☐
			☐

Ablauf

Aufgabe	Uhrzeit	wird erledigt von	erledigt
			☐
			☐
			☐
			☐
			☐
			☐
			☐
			☐
			☐
			☐
			☐
			☐
			☐
			☐
			☐
			☐
			☐
			☐
			☐
			☐
			☐
			☐
			☐
			☐

Das Getting-Ready

Gut zu wissen

Oft wird auch der Fotograf in das Getting-Ready eingebunden. Hier entstehen individuelle Fotos und auch die Accessoires und Kleidungsstücke sorgen für schönes Bildmaterial.

Wenn ihr alle noch ausstehenden Aufgaben verteilt oder erledigt habt, müsst ihr euch natürlich noch selbst vorbereiten. Kleidung, Frisur und Make-Up – alles muss passen. Die meisten Bräute stehen dafür extra früh auf. Viele künftige Ehemänner tun es ihnen gleich. Besonders wenn ihr noch einen Termin mit eurem Friseur oder Visagisten habt, solltet ihr euch einen zeitlichen Überblick verschaffen.

Zeitplan Braut

Aufgabe	Uhrzeit	Anmerkungen

Zeitplan Bräutigam

Aufgabe	Uhrzeit	Anmerkungen

... und diese Personen sind dabei

bei ihr	bei ihm

Traditionen und Bräuche

„Etwas Altes, etwas Neues, etwas Geliehenes und etwas Blaues". Vielleicht kommt euch das bekannt vor. Wenn es um Hochzeiten geht, kennen die wenigsten auch die Traditionen und Bräuche, an denen an einem so besonderen Tag gerne festgehalten wird.

Je nach Herkunft und Region können diese natürlich variieren, es gibt sie aber überall. Und auch zu verschiedenen Zeiten. Es gibt Bräuche für vor der Hochzeit, während der Feier, nach der Hochzeit oder Traditionen, die den ganzen Tag über beibehalten werden.

Ein paar davon wollen wir euch vorstellen. Sie stellen nämlich nicht nur eine schöne Tradition dar, sondern können euch auch helfen, euren Tag mit interessanten, lustigen oder einfach schönen Momenten zu füllen.

Ihr könnt sie mit einem Kreuzchen vermerken und in euren Tagesablauf einplanen. Manche Familien oder Freunde überraschen das Brautpaar aber auch gerne mit solchen Ritualen. Hier erfahrt ihr zumindest, was euch erwarten könnte.

☐ Polterabend

In Deutschland wird dieser Brauch noch sehr gewissenhaft ausgeübt. Er ist eigentlich schon eine kleine Feier an sich. Dabei wird, meist wenige Tage vor der eigentlichen Hochzeitsfeier oder nach dem Standesamt, Porzellan zerschlagen. Und zwar möglichst laut und möglichst viel. Die Gäste werden dazu auch nicht unbedingt förmlich eingeladen. Es kommt, wer Lust hat. Familie, Freunde oder Nachbarn – denn die bekommen sowieso alles mit.

Scherben bringen Glück. Darauf beruht die Tradition. Aber auch der dabei entstehende Lärm hat einen Zweck: er soll die bösen Geister vertreiben.

Das Brautpaar kehrt die Scherben danach zusammen auf. Das zeigt, dass sie alle zukünftigen Herausforderungen gemeinsam bestehen.

Gut zu wissen

Glas darf übrigens nicht zerschlagen werden. Glas steht nämlich für Glück. Auch Spiegel sind deshalb ein großes Tabu.

☐ *Junggesellenabschied*

Beim Junggesellenabschied geht es darum, die letzte „freie“ Zeit zu genießen, bevor ihr unter die Haube kommt.

Meist wird der Junggesellenabschied von den Trauzeugen organisiert. Falls ihr aber ohne Trauzeugen feiert oder die Sache lieber selbst in die Hand nehmt, geht das natürlich auch.

Ein Kurztrip mit euren engsten Jungs und Mädels, eine Pyjama-Party wie in alten Zeiten oder ein Tag mit Spaß und lustigen Aufgaben.

Wichtig ist, dass ihr die Zeit genießt.

☐ *Baumstamm sägen*

Einen Baumstamm mit einer Säge zu bearbeiten ist ein Knochen-Job. Und den erledigt man am besten zu zweit.

Die Braut und der Bräutigam bekommen je ein Ende einer Säge in die Hand. Dem Baumstamm soll es damit an den Kragen gehen. Um eine Scheibe abzusägen, muss das Brautpaar gleichmäßig am Sägeblatt ziehen. Ein gemeinsamer, gleichberechtigter Einsatz ist also gefragt – wie in der Ehe auch.

Tipp

Um es dem Brautpaar nicht allzu schwer zu machen, wird der Baumstamm oft im Vorfeld angesägt. So hat das Brautpaar nur noch einen kleinen Anteil zu liefern und die Hochzeitsgesellschaft steht nicht allzu lang daneben.

☐ *Reis werfen*

Seinen Ursprung hat dieses Ritual im asiatischen Raum. Dabei wird der Weg des Brautpaars aus der Kirche mit einem Reis-Regen von den Gästen begleitet. Das Brautpaar soll dadurch in Zukunft mit vielen Kindern gesegnet sein.

Gut zu wissen

Heute wird der Reis auch häufig mit Blütenblättern oder Seifenblasen ersetzt. Das sieht schön aus und ihr müsst danach weniger aufkehren (besonders im Fall der Seifenblasen).

☐ *Etwas Altes, etwas Neues, etwas Geliehenes und etwas Blaues*

Dieser Brauch hat seinen Weg durch die ganze Welt gemacht und ist eine der bekanntesten Traditionen zur Hochzeit. Die Braut muss demnach alle vier Gegebenheiten (Alt, Neu, Geliehen und Blau) auf der Hochzeit bei sich tragen. Meist wird das Ganze durch die Kleidung und den Schmuck erfüllt.

Tipp

„Etwas Blaues" passt vielleicht nicht immer zu dem gewählten Farbschema. Aber keine Sorge, das Strumpfband kann helfen. Verborgen durch das Kleid und am Oberschenkel der Braut sitzend, kann es in jeder Farbe unauffällig getragen werden.

☐ *Brautstrauß werfen*

Er ist wohl der Hochzeits-Brauch schlechthin: der Wurf des Brautstraußes. Dabei versammeln sich alle unverheirateten Frauen der Hochzeitsgesellschaft und versuchen den von der Braut geworfenen Strauß zu fangen. Diejenige, die ihn fängt, heiratet als nächstes heißt es.

Tipp

Für Bräute, die ihren Brautstrauß nach der Hochzeit gerne aufheben und trocknen würden, gibt es ebenfalls eine Lösung. Ein zweiter Strauß. Dieser kann entweder eine exakte Kopie des Originals sein oder ein extra „Wurf-Strauß".

☐ *Strumpfband werfen*

Damit auch die männlichen Vertreter der Hochzeitsgesellschaft eine Chance auf baldiges Glück bekommen, gibt es einen zusätzlichen Brauch: das Strumpfband-Werfen.

In Kroatien zieht der Bräutigam der Braut dafür das Strumpfband mit den Zähnen herunter – vor versammelter Mannschaft. Anschließend wird das Band den Junggesellen zugeworfen. Der Fänger und damit neue Besitzer darf daraufhin mit der Fängerin des Brautstraußes tanzen.

☐ *Bettlaken-Herz*

Ein wenig Zeit, ein großes Bettlaken und eine Prise künstlerischer Begabung hilft euch bei diesem Brauch. Auf ein Bettlaken wird ein großes Herz gezeichnet. Dazu kommen die Namen des Brautpaars und das Datum der Hochzeit.

Mit zwei (kleinen!) Scheren muss das Brautpaar jetzt das Herz ausschneiden und zusammen durch das entstandene, herzförmige Loch treten.

Brautentführung

Hier sind die Freunde des Brautpaars gefragt. Während der Feier kann die Braut nämlich in einem unachtsamen Moment von ihnen entführt werden.

Für gewöhnlich wird sich dann zusammen mit der Braut und einigen der jüngeren Hochzeitsgästen auf den Weg in die nächste Kneipe begeben. Aufgabe des Bräutigams ist es jetzt natürlich, seine Braut zurückzubekommen. Dafür muss er ihr nicht nur hinterher, sondern als Erlös auch noch die in der Kneipe entstandene Rechnung begleichen.

Gut zu wissen

Dieser Brauch wird oft von Freunden ohne euer Wissen organisiert. Wenn ihr das aber nicht möchtet, sprecht es vorher ab.

Brautschuh-Klau

In Russland ist es Tradition, der Braut vor dem Hochzeitstanz den Schuh zu klauen. Dafür taucht eine Gruppe Gaukler auf (verkleidete Gäste), die im Trubel ihres Erscheinens mit dem Brautschuh davonkommen. Vor dem Hochzeitstanz stellt die Braut dann plötzlich fest, dass sie ohne Schuh natürlich nicht tanzen kann. Die Gäste müssen versuchen, den Schuh mit einem gewissen Betrag zurückzukaufen.

Gut zu wissen

Damit den Gästen dabei nicht der Spaß vergeht, legen alle die möchten kleine Beträge zusammen und werden mit einem extra Glas Wodka belohnt. Die unaufmerksamen Trauzeugen dagegen, werden dafür bestraft, den Klau nicht verhindert zu haben und müssen eine Strafaufgabe erfüllen.

Strumpfbandversteigerung

Ja, die Braut muss wirklich einiges an Habseligkeiten aufgeben. In Frankreich geht es da sogar heiß her und einige „oh lá lá"-Rufe könnten ertönen, wenn es zur Versteigerung des Strumpfbands kommt.

Die Braut – inmitten ihrer Gäste – zieht dafür langsam ihr Kleid hoch und lässt immer mehr Bein blicken. Um das Kleid höher zu schieben, müssen die Männer für jeden Zentimeter zahlen. Die Frauen dagegen, versuchen natürlich die Braut zu schützen und zahlen für das Herunterlassen. Das Wetteifern ist erst dann zu Ende, wenn das Strumpfband zu sehen ist. Der, der für den letzten Zentimeter gezahlt hat, darf das Strumpfband behalten. Das Geld geht an das Brautpaar.

Tipp

Falls ihr euer Strumpfband als Erinnerung aufbewahren möchtet, auf den Brauch aber nicht verzichten wollt, könnt ihr dafür ein Extra-Band besorgen.

Unsere Traditionen und Bräuche

Ein paar Rituale haben wir euch vorgestellt. Vielleicht gibt es in eurem Kulturkreis oder eurer Region aber ganz andere, die ihr schon kennt und mögt? Hier könnt ihr nochmal alle Bräuche und Traditionen notieren, die ihr auf eurer Hochzeit haben möchtet. Oder mit welchen ihr lieber nicht überrascht werden wollt.

Tipp

Weiht eure Trauzeugen unbedingt in diese Liste ein. Sie können sowohl für die gewünschten Überraschungen sorgen als auch Unerwünschtes vermeiden.

Diese Bräuche wollen wir:

Das kann uns gestohlen bleiben:

Ablauf

Spiele

Damit eure Gäste sich nicht langweilen und nur auf ihren Stühlen sitzen, könnt ihr ein paar Spiele in eure Feier einbauen. Das lockert die Stimmung, sorgt für Unterhaltung und für die Mischung aus alten Freunden und neuen Bekannten.

Auch hier könnt ihr wieder ankreuzen, welche Spiele ihr euch auf eurer Feier vorstellen könnt. Falls ihr mit den Aktionen überrascht werden wollt, gebt die Spieleplanung an eure Trauzeugen ab.

☐ Hochzeits-Bingo

Jeder Gast bekommt eine Bingo-Karte an seinen Platz gelegt. Diese hat insgesamt 16 Felder, mit jeweils einer Nummer pro Feld.

Soweit also ziemlich ähnlich zum klassischen Bingo. Jetzt kommt der Hochzeits-Teil dazu. Das Brautpaar setzt sich dafür für alle Gäste sichtbar mit dem Rücken zueinander. Dann tauschen sie einen ihrer Schuhe, so dass am Ende sowohl die Braut als auch der Bräutigam über einen Herren- und einen Damenschuh verfügt.

Jetzt werden Fragen gestellt. Insgesamt 16 Stück. Die Fragen sollten schon im Vorfeld geschrieben und nummeriert werden und im Idealfall auch etwas mit dem Eheleben oder eurer Beziehung zu tun haben. Ein Beispiel: Wer von euch macht den Abwasch?

Ihr antwortet, indem ihr den jeweiligen Schuh hebt. Stimmen eure Antworten überein, kann die entsprechende Nummer auf den Karten markiert werden. Der erste Gast, der vier Richtige (waagerecht, diagonal oder vertikal) hat, gewinnt.

Tipp →

Die Anzahl der Fragen und Felder könnt ihr natürlich variieren. Es müssen nur mindestens so viele Fragen gestellt werden, wie es Felder auf der Bingo-Karte gibt.

☐ Postkarten-Sammlung

Nicht direkt ein Spiel und dennoch Beschäftigung.

52 Postkarten werden dafür unter den Gästen verteilt oder bereitgelegt. Jede Postkarte trägt eine Nummer von 1 bis 52. Im Laufe des Tages und des Abends können die Gäste diese Karten mit Wünschen, Tipps für die Ehe oder anderen Kleinigkeiten versehen und sie dann mitnehmen.

Nun muss jede Woche nach der Hochzeit die entsprechende Karte an das Brautpaar verschickt werden. So entsteht eine wöchentliche Erinnerung an den Hochzeitstag – ein ganzes Jahr lang.

Tipp

Wenn ihr euren Gästen den Aufwand erleichtern wollt, könnt ihr auf die Postkarten auch schon die Briefmarken kleben und eure Adresse aufschreiben. So müssen sich eure Gäste nur noch um die Nachricht und das Abschicken kümmern.

☐ Hochzeits-Tombola

Was eine Tombola ist, wisst ihr bestimmt. Jeder zieht oder erkauft sich ein Los, das sich entweder als Preis oder als Niete entpuppt. Auf große Preise, muss dabei gar nicht verzichtet werden.

Damit euer Geldbeutel aber trotzdem nicht zu sehr darunter leidet, müsst ihr nur etwas kreativ sein.

So kann die „Traumreise für Zwei" ja auch nur aus zwei Schlaftabletten bestehen, „eine neue Stehlampe" die Form einer langen Kerze annehmen oder die berüchtigte „Reiseschreibmaschine" eine Kombination aus Notizblock und Stift sein.

Tipp

Ihr könnt die Lose natürlich entweder verschenken oder für ein bis zwei Euro anbieten. So erhaltet ihr unter Umständen auch noch etwas Kleingeld für eure Flitterwochen.

☐ Gästebingo

Noch ein Bingo? Ja. Aber anders. Dieses Spiel sorgt dafür, dass eure Gäste nicht nur in den ihnen bekannten Gruppen verweilen, sondern sich unters Volk mischen.

Die Bingo-Karte besteht hier aus 25 Feldern. Die Aufgabe richtet sich an eure Gäste: Finde den Gast, der ...

In jedem Bingo-Feld ist dann ein passender Gast einzutragen. Beispiele hierfür sind:

Finde den Gast, der ...

- Linkshänder ist.
- ein Tattoo hat.
- mit der Braut arbeitet.
- drei Sprachen spricht.

Eurer Kreativität ist keine Grenze gesetzt!

☐ Wie gut kennt ihr eure Gäste?

Ausnahmsweise muss hier mal wieder das Brautpaar ran. Auch die Trauzeugen bekommen eine Aufgabe. Die müssen sich nämlich Fragen oder Eigenschaften ausdenken, die einige der Gäste miteinander verbinden.

Wichtig: Das Brautpaar darf die Fragen nicht sehen. Legt sie also auf die Tische der Gäste oder werft sie mit einem Beamer an die Wand, vor die sich das Brautpaar stellen muss.

Alle Gäste, auf die die Eigenschaft zutrifft, bzw. die mit „Ja" auf eine Frage antworten, stehen auf. Das Brautpaar muss dann erraten, was die Stehenden gemeinsam haben.

Ihr könntet also alle aufstehen lassen, die bereits verheiratet sind. Oder die, die ein Haustier haben. Vielleicht auch diejenigen, die den Bräutigam schon seit der Schule kennen. Zum Abschluss müssen alle aufstehen, die dem Brautpaar alles Glück der Welt wünschen.

Tipp

Ihr könnt das Gästebingo auch zu einer Foto-Challenge umfunktionieren. Dann bekommt jeder Gast nur eine Person zugeteilt, die er finden muss. Anstatt diese aber nur einzutragen, muss sie fotografiert werden. Die Beweisbilder werden an das Brautpaar geschickt.

Natürlich könnt ihr auch eigene Spiel-Ideen sammeln:

Reden

Manchmal geplant, manchmal ungeplant möchten vielleicht ein paar eurer Gäste auf eurer Feier das Wort an euch richten.

Fragt am besten nach, wer eine Rede halten will, damit ihr auch das in euren Plan aufnehmen könnt. Die meisten Reden auf Hochzeiten kommen von diesen Personen:

- Das Brautpaar selbst
- Die Eltern des Brautpaars
- Die Trauzeugen

Manchmal wollen aber auch noch andere Gäste etwas sagen.

Falls sich schon einige Gäste angekündigt haben, tragt sie hier ein.

Diese Personen werden eine Rede halten:

Tipp

Wenn ihr lieber nicht wissen möchtet, wer eine Rede halten will oder die Redner selbst bis zu ihrem Auftritt anonym bleiben wollen, könnt ihr diese Aufgabe auch den Trauzeugen überlassen. Sie sind dann dafür verantwortlich die Reden in den Tagesablauf einzuflechten.

Der Ablauf-Plan

Der Ablauf der Feierlichkeiten und damit der Großteil eures besonderen Tages ist nicht nur für euch wichtig. Ihr plant ihn auch für eure Gäste.

Meist startet der Tag mit der Trauung. Egal ob Standesamt, Kirche oder direkt an eurer Location, die Zeremonie ist der Startschuss für eure Feier. Traditionell wird direkt im Anschluss der Sektempfang ausgerichtet. Dann kommt eventuell noch das Brautpaarshooting, natürlich das Essen, Spiele, Reden und auf was ihr sonst noch Lust habt.

Lasst aber nicht alles einfach auf euch zukommen. Erstellt einen Ablauf-Plan.

Als mögliche Programmpunkte zählen zum Beispiel diese:

- Trauung
- Sektempfang
- Foto-Shooting
- Anschneiden der Hochzeitstorte
- Hochzeitstanz
- Dinner
- Reden
- ...

Natürlich dürft ihr euren Tag so gestalten, wie ihr es möchtet. Bei den Programmpunkten gilt: alles darf, nichts muss.

Einen Ablauf-Plan mit den wichtigsten Punkten (wann die Trauung stattfindet, wann das Essen serviert wird, etc.) könnt ihr auch der Einladungskarte beilegen. Dann wissen eure Gäste, wie sie selbst ihren Tag planen können und ob sie vorher noch etwas essen sollten.

Gut zu wissen

Manche Dienstleister wie der Fotograf wollen im Vorfeld über den Ablauf des Tages informiert werden. Dann wissen sie genau, wo sie wann auftauchen sollen. Einen Plan zu erstellen, hilft also nicht nur euch, den Überblick zu behalten!

Tipp

Bedenkt, dass eure Gäste auch einfach mal zur Ruhe kommen möchten oder sich in ein Gespräch vertiefen wollen. Packt euren Tag also nicht zu voll und plant nicht jede Minute. Sonst fühlen sich sowohl eure Gäste als auch ihr selbst von einem Punkt zum nächsten gehetzt.
Teilweise reicht auch eine ungefähre Planung. Wenn ihr Spiele geplant habt, schreibt nur „Spiele" auf – nicht wann genau, welches Spiel beginnt und endet.

Unser Tagesablauf

Uhrzeit	Programmpunkt	Anmerkungen

Ablauf

Uhrzeit	Programmpunkt	Anmerkungen

Uhrzeit	*Programmpunkt*	*Anmerkungen*

Ablauf

Brautmode

Kleider machen Leute.

Viele Bräute planen es ein Leben lang – das perfekte Outfit zur Hochzeit. Aber auch die Männer sollten nicht im Schlafanzug zu ihrer Hochzeit erscheinen. Außer natürlich, das gehört zum Motto.

Es kann aber auch das Gegenteil der Fall sein und ihr habt euch noch gar keine Gedanken über eure Kleidung gemacht.

Wir fangen also bei Null an. Dann könnt ihr euch Zeit nehmen und in Ruhe über eure Möglichkeiten nachdenken. Jeder für sich oder auch gemeinsam.

Mode für Sie

Tipp

Es muss selbstverständlich nicht immer ein Kleid sein. Zweiteiler, Hosenanzüge oder Jumpsuits werden auch immer gefragter.

Bevor wir zu deinen persönlichen Wünschen kommen, noch eine Info vorab.

Bei deinem Kleid solltest du nicht nur auf das Äußere achten (auch wenn das gewiss wichtig ist), sondern auch darauf, wie, wo und wann du heiratest.

Ein kurzes, tief ausgeschnittenes, enges Kleid mit vielen Aussparungen ist in der katholischen Kirche wahrscheinlich genauso schwierig wie ein Kleid mit fünf Meter langer Schleppe auf der Strandhochzeit. Und im Hochsommer tust du dir mit Handschuhen und Stola sicher keinen Gefallen.

Versuche also, dich nicht nur auf das Aussehen, sondern auch auf die Anforderungen an dein Kleid zu konzentrieren.

Gut zu wissen

Brautkleider müssen oft extra bestellt oder angepasst werden. Rechne das in deinen Zeitplan ein und geh früh genug auf die Suche!

Wenn du schon eine ungefähre Ahnung hast, wie dein Kleid aussehen soll oder bei welchen Details du dir schon sicher bist, ist das natürlich ein Vorteil. So kannst du dich im Geschäft gezielter beraten lassen oder selbst nach entsprechenden Kleidern suchen.

Wichtig ist aber, dass du dich nicht zu sehr auf bestimmte Vorstellungen versteifst. Eventuell wirst du dann nicht fündig oder lässt dich zu wenig auf Neues ein. Dann könnte dir etwas entgehen!

Eine grobe Richtung kann aber trotz allem nicht schaden, solange du auch offen für Abweichungen bleibst. Deine Vorab-Wünsche kannst du aber in der nachfolgenden Checkliste festhalten.

Falls du aber noch keine festen Vorstellungen für dein Brautkleid hast, liefert die Checkliste eine gute Inspiration. Dort findest du alles, worüber du dir Gedanken machen kannst – aber nicht musst.

Gibt es Besonderheiten, die dir wichtig sind?

Die Kleid-Checkliste

Zuerst einmal die grundsätzliche Frage:
Was darf es denn für ein Kleid sein?

- [ ] kurz
- [ ] lang

Das sind die gängigsten Modelle:

- [ ] Prinzessin
- [ ] A-Linie
- [ ] Meerjungfrau
- [ ] Empire-Stil
- [ ] Fit & Flair

Welchen Stil soll das Kleid haben?

- [ ] romantisch
- [ ] Vintage
- [ ] edel
- [ ] sexy
- [ ] märchenhaft

Und nun zu den Einzelheiten:

Arme

- [ ] trägerlos
- [ ] lang
- [ ] nur Träger
- [ ] kurz
- [ ] Sonstiges

Material

- [ ] Tüll
- [ ] Chiffon
- [ ] Satin
- [ ] Spitze
- [ ] Sonstiges

Ausschnitt

- [ ] V-Ausschnitt
- [ ] Herz-Ausschnitt
- [ ] Carmen-Ausschnitt
- [ ] Neckholder
- [ ] Sonstiges

Besonderheiten

- [ ] tiefer Rücken
- [ ] Tattoo-Spitze
- [ ] Aussparungen
- [ ] Korsage
- [ ] Sonstiges

Kommen wir zu den Accessoires:

Kopf

- [ ] Schleier
- [ ] Tiara
- [ ] Hut
- [ ] Haarschmuck
- [ ] Sonstiges

Schmuck

- [ ] Ohrringe
- [ ] Kette
- [ ] Armschmuck
- [ ] Fußschmuck
- [ ] Sonstiges

Diverses

- [ ] Tasche
- [ ] Jacke
- [ ] Handschuhe
- [ ] Strumpfband
- [ ] Sonstiges

Das Brautmodengeschäft

Wenn du eine ungefähre Ahnung hast, nach was für einem Kleid du suchst, gilt es dieses zu finden. Such dir dafür etwa drei Brautmodengeschäfte aus, bei denen du einen Termin machst. Dort kannst du dich dann allein oder zusammen mit ein paar Freundinnen oder Familienmitgliedern beraten lassen.

Brautmodengeschäfte haben für gewöhnlich zahlreiche Modelle zur Auswahl. Reduziere dich deshalb auf etwa drei Läden, so verlierst du nicht den Überblick.

Tipp

Wenn du begleitet wirst, können dir deine Begleiter nicht nur mit Rat, sondern auch mit Tat zur Seite stehen. Lass sie auch ein Kleid für dich aussuchen, von dem sie denken, dass es zu dir passt.

Hier finde ich mein Brautkleid

Geschäft 1:

____

Adresse:

____

____

Der Termin ist am:

__________ **um** ______ **Uhr**

Mich begleitet

____

____

Geschäft 2:

____

Adresse:

____

____

Der Termin ist am:

__________ **um** ______ **Uhr**

Mich begleitet

____

____

Geschäft 3:

____

Adresse:

____

____

Der Termin ist am:

__________ **um** ______ **Uhr**

Mich begleitet

____

____

Mode für Ihn

Um das Brautkleid wird ja generell viel Trubel veranstaltet. Das Outfit des Bräutigams ist aber mindestens ebenso wichtig. Wenn du allgemein nicht unbedingt der typische Anzug-Träger bist, oder jetzt schon Panikattacken beim Gedanken ans Shoppen bekommst: keine Sorge. Wir machen es dir leicht.

Die Anzug-Checkliste

First things first. Womit kannst du dich am ehesten anfreunden?

- [ ] Anzug
- [ ] Smoking
- [ ] Frack
- [ ] Jackett

Und in welcher Farbe darf das Ganze sein?

- [ ] helles Grau
- [ ] dunkles Grau
- [ ] schwarz
- [ ] weiß/creme
- [ ] dunkles Blau
- [ ] Pastelltöne
- [ ] Sonstige

Und dazu trägst du …?

- [ ] Zylinder
- [ ] Hut
- [ ] Weste
- [ ] Mantel
- [ ] Ansteckblume
- [ ] Fliege
- [ ] Krawatte
- [ ] Kummerbund
- [ ] Einstecktuch
- [ ] Schal
- [ ] Manschettenknöpfe
- [ ] Hosenträger
- [ ] Sonstiges

Gibt es Besonderheiten, die dir wichtig sind?

Der Herrenausstatter

Tipp

Du darfst dir dein Outfit zwar selbst aussuchen (normalerweise), darauf achten, dass du zu deiner zukünftigen Ehefrau passt, solltest du aber trotzdem. Ein Einstecktuch in der Farbe ihrer Schuhe zum Beispiel macht euch auch optisch zu einer Einheit.

So ein Anzug kann schon einmal etwas teurer sein. Besonders wenn er für den wichtigsten Tag deines Lebens sein soll, darf er das aber auch sein.

Das wichtigste ist, dass dir dein Anzug richtig passt. Das kann auch von der Stange gut gehen, später noch angepasst werden oder direkt vom Schneider maßgefertigt werden. Solange nichts zwickt oder rutscht, ist alles gut. Du verbringst schließlich den ganzen Tag darin.

Lass dich außerdem gerne dazu beraten, was für Möglichkeiten du hast und was dir gut stehen könnte.

Hier finde ich meinen Hochzeitsanzug

Geschäft 1: ______________________

Der Termin ist am: ____________ **um** ______ **Uhr**

Adresse: ______________________

____

Mich begleitet: ______________________

____

Geschäft 2: ______________________

Der Termin ist am: ____________ **um** ______ **Uhr**

Adresse: ______________________

____

Mich begleitet ______________________

____

Geschäft 3: ______________________

Der Termin ist am: ____________ **um** ______ **Uhr**

Adresse: ______________________

____

Mich begleitet: ______________________

____

Papeterie & Gelöbnisse

Einladungen sind erst der Anfang.

Ist die Planung jetzt nicht langsam erledigt? Noch nicht ganz. Wir haben es zwar bereits angesprochen, jetzt kommen aber noch Details zu eurer Papeterie – also zu allem, was gedruckt werden muss. Und wenn wir schon beim gedruckten Wort sind, wieso dann nicht auch etwas zum Gesprochenen sagen?

Die Papeterie

Vielleicht habt ihr ja schon jemanden gefunden, der euch eure Einladungen, Tischnummern und sonstigen Schilder druckt. Falls ja: gut. Falls ihr aber gar keine Ahnung habt, an was ihr da eigentlich denken müsst, ist hier eine Liste eurer Möglichkeiten.

Ihr könnt alles, müsst aber gar nichts davon drucken lassen. Wobei die Einladungen vielleicht doch recht hilfreich sind. Alles, was ihr in Auftrag geben wollt oder schon habt, könnt ihr abhaken.

Tipp

Sucht euch bestenfalls alles aus, was ihr benötigen werdet und bestellt dann bei einem einzigen Anbieter. So bekommt ihr alles im gleichen Stil und meist im Paketpreis.

- ☐ „Save the Date"-Karten
- ☐ Einladungen
- ☐ Tischnummern
- ☐ Platzkarten
- ☐ Sitzplan
- ☐ Menükarten
- ☐ Kirchen- oder Programmhefte
- ☐ Wegweiser oder Schilder
- ☐ Gästebuch
- ☐ Dankeskarten

Gut zu wissen

Die Briefumschläge sind oft nicht in den Bestellungen enthalten! Denkt also unbedingt auch daran, dass ihr passende Umschläge braucht. Die bekommt ihr am besten bei der Papeterie bzw. Druckerei selbst. Dann passen die Umschläge auch zu den Formaten eurer Karten.

Falls ihr euch jetzt bei der Hälfte der genannten Dinge fragt, was das eigentlich ist oder ob das nötig ist, erklären wir euch alles Wichtige dazu. Auch ein paar Textvorlagen und Anmerkungen bekommt ihr.

Damit Einladungen, Dankeskarten und Co. auch da ankommen, wo sie hin sollen, solltet ihr die Adressen eurer Gäste sammeln.

Ihr könnt sie separat notieren oder in das passende Feld auf eurer Gästeliste (Seite 42) eintragen, falls ihr das noch nicht getan habt. So wird auch kein Gast vergessen.

„Save the Date"-Karten

Die Karten, die euer Hochzeitsdatum bekannt geben, sind die ersten, die verschickt werden. Sie informieren eure Gäste über den Tag, den sie sich für eure Feier freihalten sollen. So können eure Gäste bei der Urlaubsplanung darauf achten und ihr könnt in Ruhe die Details planen.

Was muss rein?

Wie bereits erwähnt: „Save the Date"-Karten dienen zur ersten Bekanntgabe eurer Hochzeit.

Das Wichtigste ist also:

- Eure Namen
- Euer Hochzeitsdatum
- (Der Anlass)

Wieso haben wir „der Anlass" jetzt in Klammern gesetzt? Weil ihr das nicht unbedingt dazuschreiben müsst. Klar, es macht die Sache eindeutig und keine Missverständnisse entstehen. Ihr könnt den Anlass aber auch auslassen, da die meisten sich denken können, was an besagtem Tag wohl stattfinden wird. Ob ihr also lieber klar und deutlich oder ein wenig mysteriös bleiben wollt, könnt ihr selbst entscheiden.

Tipp

Neben den „Save the Date"-Karten gibt es auch „Change the Date"-Karten. Während der Pandemie waren sie sehr gefragt und dadurch bekannt geworden. Wir gehen jetzt aber einfach mal davon aus, dass ihr sie nicht benötigen werdet.

Unser Text:

Papeterie & Gelöbnisse

Einladungen

Die Einladungen sind die wohl wichtigsten Karten, die ihr versendet. Solltet ihr keine „Save the Date"-Karten haben, sind sie außerdem die offizielle Bekanntgabe eurer Hochzeit. Anders als die Vorab-Karten steckt in den Einladungen aber meist noch etwas mehr Info und die Bitte um Zu- oder Absage.

Was muss rein?

Eure Einladungen sollten enthalten:

- Eure Namen
- Das Datum der Hochzeit
- Adresse der Kirche/Location
- Uhrzeit
- Die Bitte um Zu- oder Absage
- Eure Kontaktdaten

Eure Einladungen können enthalten:

- Tagesablauf
- Ansprechpartner
- Zusätzliche Infos (Parken, Hotels, etc.)

Der Einladungstext

Wie bringt man jetzt so viele Informationen in Textform? Die meisten Einladungen beginnen mit einem kleinen Text, in dem ihr erklärt, dass ihr euch trauen lassen möchtet und den jeweiligen Gast gerne dabeihättet. Hier können auch schon alle wichtigen Infos, wie der Ort des Geschehens genannt werden und die Zeit, zu der sich die Gäste dort einfinden sollen.

Ob ihr eure Einladung dabei ganz klassisch und eher förmlich oder ganz individuell formuliert, steht euch frei.

Ein Beispiel:

Wir heiraten!

Deshalb möchten wir Dich/Euch herzlich zu unserer

(standesamtlichen/kirchlichen/freien) Trauung am (Datum)

um (Uhrzeit) in (Kirche/Location) einladen.

Die anschließende Feier findet in (Location) statt.

Sag/t uns bitte bis zum (Datum) Bescheid, ob du/ihr kommen kannst/könnt.

(Eure Namen)

Gut zu wissen

In den Einladungstext könnt ihr so viel schreiben, wie ihr wollt. Wichtig ist, dass die wichtigsten Punkte klar hervorgehen. Falls ihr nur zur Trauung oder der Feier danach einladet, könnt ihr den nicht benötigten Teil auslassen.

Tipp

Falls ihr eure Einladung lieber etwas moderner oder lustiger gestalten wollt als die klassische Variante, könnt ihr das nicht nur anhand der gewählten Worte tun. Gestaltet euren Einladungstext doch in Form eines Flussdiagramms, bei dem eure Gäste mit verschiedenen Ja/Nein-Fragen zu der Information geleitet werden, dass ihr heiratet. Oder ihr lasst eure Einladung im Stil einer Hochzeitszeitung drucken. Im Netz findet ihr viele verschiedene Ideen.

Unser Einladungstext

Das Hochzeits-ABC

In den letzten Jahren hat sich außerdem eine weitere Art der Informationsweitergabe etabliert: das Hochzeits-ABC.

So könnt ihr alle zusätzlichen Infos ohne langen Text, dafür als Alphabet verpacken.

Ein Beispiel wäre:

A: *Allergien könnt ihr uns gerne mitteilen.*

B: *Brautpaarshooting ist nach der Trauung geplant.*

C: *Creme und weiß sind die Farben der Braut und für Gäste tabu.*

D: *Dresscode ist festlich.*

E: *Essen gibt's in Form von Buffet.*

F: *Fragen beantworten unsere Trauzeugen euch gerne.*

G: *Geldgeschenke sind immer gern gesehen.*

H: *Hotels findet ihr genug in der Umgebung.*

I: *Ideen für Spiele sind erwünscht, sollten aber mit den Trauzeugen besprochen werden.*

J: *Ja ist das Wort des Tages.*

K: *Kinder sind herzlich willkommen!*

L: *Lustig soll's werden.*

M: *Mitternachtssnack wird's auch geben.*

N: *Nachname – wir haben uns für seinen entschieden.*

O: *Open End! Wir feiern bis zum Morgen.*

P: *Parken könnt ihr direkt an der Location.*

Q: *Qualmen könnt ihr nur draußen.*

R: *Regenschirme könnt ihr hoffentlich zu Hause lassen.*

S: *Spiele werden auch gespielt.*

T: *Trauzeugen sind (Namen).*

U: *Unerwünscht sind Diashows mit peinlichen Bildern von uns.*

V: *Veganer und Vegetarier kündigen sich vorher bitte an.*

W: *Walzer wird zum Hochzeitslied getanzt.*

X: *X-Beine sind kein Grund, nicht zu tanzen!*

Y: *Yen, Dollar oder Franken – unser Sparschwein freut sich über alles.*

Z: *Zeremonie findet unter freiem Himmel statt.*

Gut zu wissen

Das Hochzeits-ABC ersetzt nicht den Einladungstext! Es kann aber Teil der Einladung sein.

Was sonst noch rein kann

Je mehr Informationen ihr in die Einladung packt, desto weniger Fragen haben eure Gäste an euch. Hier gilt es immer das richtige Verhältnis zu finden. Ihr wollt eure Hochzeitseinladung ja schließlich nicht als Roman veröffentlichen.

Trotzdem können gewisse Hinweise sehr hilfreich für eure Gäste sein. Beispielsweise ein grober Ablauf des Tages. So wissen eure Gäste nicht nur, wann sie erscheinen sollen, sondern auch wann es beispielsweise Essen gibt und damit auch, ob sie zu Hause noch etwas zu sich nehmen sollten oder bis zu eurem Menü warten können.

Auch die Nennung eurer Trauzeugen als mögliche Ansprechpartner kann helfen. Falls eure Gäste eine Überraschung für euch geplant haben, kann diese dann in die Planung miteinbezogen werden, ohne dass ihr davon erfahrt.

Tipp

Sollten eure Trauzeugen oder Familien als Ansprechpartner fungieren, vergesst nicht ihre Kontaktdaten in der Einladung aufzuschreiben!

Unsere zusätzlichen Infos

Geschenkwünsche

In euren Einladungen könnt ihr eure Gäste außerdem darüber informieren, falls ihr bestimmte Geschenkwünsche habt.

Häufig sind die Gäste nämlich ziemlich planlos und überfordert mit der Frage, was denn nun geschenkt werden soll. Helft ihnen mit euren Wünschen.

Falls ihr euch aber eigentlich nur finanzielle Unterstützung wünscht, könnt ihr das auch sagen.

Meist wird dann nicht einfach dazugeschrieben „Bitte schenkt uns Geld", sondern dieser Wunsch etwas eleganter verpackt. Ihr könnt die Bitte zum Beispiel in euer Hochzeits-ABC einbauen. Aber auch ein kleiner Satz oder Reim lässt sich schnell finden.

Beispiele:

Unser trautes Heim ist klein,
da passt nichts mehr rein.

Drum schenkt uns nicht mehr Sachen,
lasst lieber unser Sparschwein lachen

Über Geschenke freuen wir uns natürlich immer. Unser Sparschwein übrigens auch.

Hochzeitstisch

Eine weitere Idee, euren Gästen mitzuteilen, was ihr euch zur Hochzeit wünscht, ist der Hochzeitstisch oder die Hochzeitsliste.

Damit ist nicht der Tisch gemeint, auf dem eure Gäste ihre mitgebrachten Geschenke abstellen können. Es geht um einen (meist virtuellen) Tisch oder eine (ebenfalls meist virtuelle) Liste, auf der ihr eure Geschenkwünsche vermerken könnt. Sucht euch vorher genau aus, was ihr haben möchtet. Welches Modell? Von welchem Anbieter? In welcher Farbe?

Der Artikel wird in eure Liste aufgenommen und diese dann an eure Gäste weitergeleitet. Sie müssen sich dann nur noch aussuchen, welchen eurer Wünsche sie in Erfüllung gehen lassen.

Online-Anbieter wie Amazon lassen euch eine solche Wunschliste direkt auf der Website zusammenstellen. Auch einige Läden bieten euch an, eine Liste mit den entsprechenden Artikeln ihres Sortiments anzufertigen und auszulegen.

Gut zu wissen

Hochzeitstisch wird dieses Vorgehen deshalb genannt, weil früher tatsächlich ein Tisch im Laden aufgestellt wurde. Das Brautpaar konnte darauf alle Artikel stellen, die sie sich wünschten. Die Gäste mussten sich daraufhin nur noch eine der Möglichkeiten aussuchen und zur Kasse bringen.
Heute ist das aber nur noch selten möglich.

Tipp

Auch verschiedene Apps sind auf das Teilen von Listen spezialisiert. Es gibt sogar Websites, die auf das Erstellen eines Hochzeitstisches bzw. einer Hochzeitsliste ausgelegt sind. Ihr könnt die Liste auch eigenhändig zusammenstellen.

Antwortkarten

Ihr könnt euren Einladungen auch separate Karten beilegen, auf denen eure Gäste ihre Antwort eintragen können.

Dort kann zugesagt oder abgesagt werden, die Anzahl der kommenden Personen aufgeschrieben werden und weitere Infos an euch weitergeleitet werden.

Tipp

Falls ihr eine Antwortkarte beilegen wollt, tut das in Form einer Postkarte. So kann die Antwort direkt an euch zurückgeschickt werden.

Beispiel:

Absender:

____

☐ Ja, ich/wir komme(n) mit ___ Personen.

☐ Nein, ich/wir komme(n) leider nicht.

☐ Ich/wir brauche(n) eine Unterkunft vom __________ bis zum __________ .

Ich/wir esse(n) nur:

☐ vegetarisch

☐ vegan

☐ alles

Bemerkungen:

____

____

____

An das Brautpaar

Alles für die Sitzordnung

Falls ihr euch für eine Sitzordnung entschieden habt, müssen eure Gäste natürlich verstehen können, wo ihr sie platziert habt.

Dafür gibt es verschiedene Wege, ihr braucht aber in jedem Fall Schilder oder Platzkarten dafür.

Platzkarten

Mit einem Namenskärtchen an jedem Platz, wissen eure Gäste ganz genau, wo sie sich setzen dürfen. Diese Methode ist die aufwendigste, da ihr für jeden einzelnen Gast ein individuelles Kärtchen bereitstellen müsst. Individuell zwar nicht unbedingt im Design oder der Schriftart, aber eben mit dem entsprechenden Namen.

Wie ihr die Platzkarten gestaltet oder wo genau am Platz ihr sie hinstellt, steht euch natürlich frei. Wichtig ist nur, dass sie gut lesbar sind und eure Gäste nicht zu lange suchen müssen, um sie zu erkennen.

Tipp

Für die Tischnummern könnt ihr statt langweiligen Karten mit Zahlen auch Heliumballons in der Form der jeweiligen Nummer am Tisch befestigen. So lockert ihr den Raum auf und die Nummern sind durch die Ballons in luftiger Höhe immer gut sichtbar.

Tischnummern

Keine Sitzordnung ohne Tischnummern. Um die Sitzordnung zu planen, habt ihr die Tische sicher schon nummeriert. Diese Nummerierung müsst ihr jetzt nur noch an die Gäste weitergeben. Denn wenn Steffie zwar weiß, dass sie an Tisch 3 sitzt, aber nicht, welcher der 16 Tische die Nummer trägt, wird es schwierig.

Stellt daher auf jeden Tisch gut sichtbar dessen Nummer auf.

Tipp

Ihr könnt eure Gäste trotzdem ein wenig ärgern und die Suche nach ihrem Platz spannend gestalten. Schreibt die Tischnummern ganz links auf dem Schild untereinander. Die Namen der Gäste kommen nach rechts, ebenfalls untereinander. Jetzt zeichnet ihr Linien oder spannt Fäden, die Name und Tisch miteinander verbinden. Lasst die Linien alle übereinander laufen, damit die Gäste ihren Weg zur Tischnummer genau verfolgen müssen.

Sitzplan

Ihr könnt eure Gäste auch schon am Eingang des Raums auf ihre Plätze hinweisen. So spart ihr euch die einzelnen Platzkarten und eure Gäste müssen nicht jeden einzelnen Tisch auf der Suche nach ihrem Namen ablaufen. Stellt ein großes Schild auf, auf dem die Tischnummern und die dazugehörigen Personen verzeichnet sind.

Menükarten

Nein, ihr braucht sie nicht unbedingt. Sie können aber sehr hilfreich sein.

Gut zu wissen

Wenn eure Gäste das Menü schon kennen, geht es später am Buffet schneller. So entsteht keine lange Warteschlange, weil jeder erst einmal nachschauen muss, was es alles gibt.

Speisekarten

Karten, auf denen das Menü geschrieben steht, beschäftigen eure Gäste.

Sie dienen aber nicht nur als Gegenstand zum in-die-Hand-Nehmen, sondern sind häufig auch der Ausgangspunkt für Gespräche. Gäste, die zwar am gleichen Tisch sitzen, sich aber noch nicht oder nicht gut kennen, haben damit (neben dem obligatorischen „Und woher kennt ihr das Brautpaar?") ein erstes Gesprächsthema.

Außerdem können sich die Gäste durch die Speisekarten vorab ein Bild verschaffen, was sie zum Essen erwartet.

Getränkekarten

Auch eine Getränkekarte erfüllt einen Zweck. So wissen die Gäste sofort, welche Getränke sie sich bestellen können. Besonders für alkoholische Getränke ist das hilfreich, weil eure Gäste nicht im Detail wissen, was in eurer Pauschale enthalten ist bzw. welche Bestellungen ihr separat in Rechnung gestellt bekommt.

Mit einer entsprechenden Karte wird nicht blind drauflos bestellt. Eure Gäste wissen damit genau, was für Getränke an eurer Hochzeit angeboten werden und welche nicht.

Für euch hat das den Vorteil, euch im Nachhinein nicht mit zusätzlichen Getränkerechnungen herumschlagen zu müssen und nicht ständig gefragt zu werden, was genau bestellt werden kann.

Gut zu wissen

Ihr müsst nicht alle Getränke auf eine Karte schreiben. Oft reicht auch eine Wein- oder Cocktail-Karte zur Orientierung.

Hefte

Wie der Name schon sagt, verraten Programmhefte mehr über den Ablauf des Tages. Im Normalfall gibt es drei Varianten: Das Kirchenheft, das Programmheft oder eben keins davon.

Kirchenheft

Das Kirchenheft informiert eure Gäste über den genauen Ablauf eurer Trauung. Wann welcher Programmpunkt folgt und welche Lieder gemeinsam gesungen werden. Auch euer Trauspruch findet hier Platz.

Tipp

Ihr könnt in eurem Kirchenheft auch einen Hinweis zu Handys anbringen. Oft vergessen Gäste, ihre Telefone aus oder zumindest stumm zu stellen. Wenn es dann während der Zeremonie klingelt, ist das ärgerlich.

Einige Kirchen bitten euch auch einen Hinweis zur Kollekte aufzunehmen. Ihr könntet auf der Rückseite also zum Beispiel schreiben:

„Für uns ist heute ein ganz besonderer Tag. Wir könnten nicht glücklicher sein und möchten dieses Gefühl auch mit denen teilen, denen es nicht so gut geht und die auf Hilfe angewiesen sind. Wir freuen uns daher über jeden Beitrag zur Kollekte."

Programmheft

Tipp

Vor allem, wenn ihr eure Gäste auf die ein oder andere Weise in eure Zeremonie miteinbeziehen möchtet, kann ein Programmheft helfen. Bei einer freien Trauung könnt ihr den Ablauf gestalten, wie ihr möchtet, daher wissen viele Gäste nicht, was von ihnen erwartet wird.

Auch wenn ihr nicht kirchlich heiratet, könnt ihr ein Programmheft erstellen.

Dort könnt ihr, falls ihr eine freie Trauung plant, den Ablauf eurer Zeremonie erläutern oder auch die verschiedenen Programmpunkte des Tages aufzählen.

Eure Gäste können sich so ein Bild von dem machen, was kommt und fragen sich nicht ständig, was wohl als nächstes folgt.

Wegweiser und Schilder

Je nachdem, wo und wie ihr eure Hochzeit feiert, kann es schonmal zu Verwirrungen kommen.

Schilder können da natürlich Abhilfe schaffen.

Wegweiser

Manche, etwas abgelegenen Adressen findet auch Google Maps nicht. Eure Feier findet in einem Schrebergarten statt? Dann wird es schwierig, die Gäste auch dorthin finden zu lassen. Ein paar einfache Wegweiser können euch aber dabei helfen, eure Gäste von der nächsten großen Kreuzung zu euch zu leiten.

Tipp

Als Wegweiser müsst ihr nicht unbedingt auf Schilder zurückgreifen. Ihr könnt auch Luftballons in regelmäßigen Abständen anbringen. Auch die sagen aus: „Zur Feier geht's hier entlang!".

Willkommensschild

In vielen Fällen treffen eure Gäste vor euch an der Kirche oder der Location ein. Wenn ihr sie aber trotzdem bei ihrer Ankunft herzlich auf eurer Hochzeit begrüßen wollt, könnt ihr das durch ein Schild tun.

Das sorgt einerseits dafür, dass sich eure Gäste trotz eurer Abwesenheit willkommen fühlen. Andererseits bekommen sie so die Bestätigung, dass sie auch am richtigen Ort sind.

Für gewöhnlich reicht als Text schon ein einfaches „Willkommen auf der Hochzeit von (eure Namen)!".

Gut zu wissen

Willkommensschilder können viele Formen annehmen. Aus Glas wirken sie besonders edel, Paletten bringen einen rustikalen Charme und eine einfache Leinwand auf einer Staffelei tut auch, was sie soll.

Andere Schilder

In einem großen Raum verliert der ein oder andere schnell mal den Überblick. Der kann allerdings wiederhergestellt werden, wenn ein paar Schilder für Klarheit sorgen.

Über dem Buffet, der Candybar, dem Geschenke- oder Kinderbetreuungstisch helfen sie euren Gästen dabei, sich zurecht zu finden.

Auch ein Schild vor den Kirchenbänken bzw. Sitzgelegenheiten während der freien Trauung kann hilfreich sein. Oft sind Gäste verwirrt, ob sie sich setzen dürfen, wohin sie wollen. Die vorderen Reihen sind für gewöhnlich für die nahe Familie reserviert. Früher war es aber auch noch Brauch, die Familie und Freunde der Braut auf die eine, die des Bräutigams auf die andere Seite zu setzen.

Damit eure Gäste gleich wissen, ob es eine Sitzordnung gibt, könnt ihr diese auf ein Schild schreiben.

Falls ihr eine solche Trennung aber nicht möchtet, und wollt, dass das auch jedem klar ist, stellt doch ebenfalls ein Schild auf. Darauf könnte stehen „Heute werden zwei Familien zu einer. Also wählt keine Seite, sondern einen Platz."

Gut zu wissen

Auch ein „Just Married"-Schild hinten im Hochzeitsauto könnt ihr euch anschaffen. Ihr seht, es gibt viele, unterschiedliche Möglichkeiten.

Gästebuch

Wie wir schon erwähnt haben, muss ein Gästebuch nicht immer die Form eines Buches annehmen. Falls es das aber doch soll, muss es gedruckt werden. Es gibt unzählige Variationen von zahlreichen Anbietern.

Für jeden Stil sollte etwas dabei sein. Ansonsten könnt ihr euer Gästebuch aber natürlich auch ganz individuell gestalten (lassen).

Dankeskarten

Nach der Hochzeit könnt ihr euch bei euren Gästen noch einmal für Geschenke, Glückwünsche und natürlich ihr Kommen bedanken.

Das geht zwar auch persönlich, die meisten Paare entscheiden sich aber zusätzlich für Dankeskarten.

Was muss rein?

- Eure Danksagung
- Ein Hochzeits-Foto

Tipp

Wenn die Dankeskarten persönlicher werden sollen, könnt ihr auch eine Liste eurer Geschenke anfertigen und euch bei jedem Gast für das jeweilige Geschenk bedanken. Das wirkt extra aufmerksam!

Die Danksagung

Ihr könnt euch bei euren Gästen natürlich so bedanken, wie ihr es für richtig haltet. Wenn euch aber nichts einfällt, wie ihr am besten Danke sagen könnt, sind hier ein paar Beispiele:

> Liebe Freunde und Familie,
>
> dank Euch war unser Hochzeitstag so schön, wie kein anderer.
>
> Deshalb möchten wir uns für Eure Unterstützung uns all eure Glückwünsche von ganzem Herzen bedanken!

> Wir hatten eine wunderschöne Hochzeit – und dafür möchten wir uns bei Euch bedanken!
>
> Ihr habt den Tag mit eurer Anwesenheit und Eurem Lächeln zu dem schönsten gemacht, den wir uns hätten vorstellen können.
>
> Danke!

Das Hochzeitsfoto

Wenn ihr das nicht möchtet, müsst ihr es auch nicht. In den meisten Dankeskarten ist aber ein Foto von euch beiden zu sehen.

Egal, ob ihr es groß und ganz vorne platziert oder etwas kleiner und unauffälliger, eure Gäste werden sich sicher über ein Bild von euch an eurer Hochzeit freuen. Für viele Gäste ist das auch die erste oder sogar einzige Möglichkeit, die Bilder von eurem Brautpaarshooting zu sehen zu bekommen.

Gut zu wissen

Klein, groß, schwarz-weiß oder in Farbe. Ihr könnt das Bild auswählen, das euch am besten gefällt. Auch eine kleine Galerie oder ein Fotobox-Streifen mit mehreren Bildern ist erlaubt.

Unser Text für die Dankeskarten:

Papeterie & Gelöbnisse

Gelöbnisse

Die Papeterie ist für die Wörter und Texte gedacht, die gedruckt werden müssen. Kommen wir jetzt aber zum gesprochenen Wort.

Wenn ihr euch nicht nur versprechen möchtet, in guten wie in schlechten Zeiten füreinander da zu sein und das so lange, bis dass der Tod euch scheidet, könnt ihr auch eigene Gelöbnisse verfassen.

Ihr könnt sie in eure Zeremonie integrieren oder nur untereinander austauschen.

Hier geht es vor allem darum, nicht nur die Standardsätze der Eheschließung anzuerkennen, sondern euch ganz persönlich etwas zu versprechen. Das können große Versprechen sein, oder auch ganz banale Kleinigkeiten. Wichtig ist nur, dass sie für euch und eure Beziehung eine Bedeutung haben.

Lasst euch dafür ruhig Zeit und denkt in Ruhe darüber nach, was ihr dem jeweils anderen geloben wollt.

Ihr könnt eure Gelöbnisse gemeinsam besprechen und aufschreiben. Wenn ihr euren Partner aber lieber damit Überraschen möchtet, könnt ihr das natürlich auch tun. Falls euch die generelle Aufregung am Hochzeitstag noch nicht genug ist, sorgt ihr so für die extra Portion Spannung.

Sprecht die Gelöbnisse in jedem Fall mit eurem Pfarrer, Priester oder Trauredner ab. Dabei geht es weniger um den Inhalt, sondern um den Ablauf der Zeremonie. Die Gelöbnisse vorzutragen, kostet schließlich Zeit.

Gut zu wissen

Euer Gelöbnis richtet ihr ausschließlich an euren Partner. Auch Anspielungen, die nur ihr versteht sind erlaubt. Eure Gäste müssen die Einzelheiten gar nicht verstehen – nur euer Partner.

Ihr Gelöbnis an ihn

Sein Gelöbnis an sie

Nach der Hochzeit

Darum müsst ihr euch noch kümmern.

Wenn ihr denkt, nach dem großen Tag ist alles gelaufen: falsch gedacht.

Tatsächlich gibt es auch nach der Hochzeit noch einige Dinge, die erledigt werden wollen. Hauptsächlich geht es um bürokratische Angelegenheiten – und offene Rechnungen.

Auch hier gibt es wieder eine Checkliste. Diesmal nicht direkt zur Planung eurer Hochzeit, sondern zu den ersten Schritten eures gemeinsamen Lebens.

Checkliste: nach der Hochzeit

1 bis 3 Tage nach der Hochzeit

- [ ] Geschenke auspacken
- [ ] Geschenkeliste schreiben
- [ ] Offene Rechnungen begleichen
- [ ] Ausgeliehenes zurückgeben
- [ ] Fotos der Hochzeit teilen

1 bis 3 Wochen nach der Hochzeit

- [ ] Dankeskarten gestalten und drucken
- [ ] Dankeskarten verschicken
- [ ] Namensänderung mitteilen
- [ ] Steuerklasse ändern
- [ ] Änderungen bei Banken und Konten vornehmen
- [ ] Bilder der Hochzeit entwickeln/drucken
- [ ] Dienstleister bewerten

Bis zu 6 Monate nach der Hochzeit

- [ ] Brautkleid und Hochzeitsanzug reinigen lassen
- [ ] After-Wedding-Shooting machen
- [ ] Hochzeitsalbum gestalten
- [ ] Testament anpassen
- [ ] Patientenverfügung erstellen
- [ ] Hochzeitsreise

Einige Punkte der Liste sind wahrscheinlich selbsterklärend. Andere brauchen noch ein paar Zusatzinformationen. Aber auch hier lassen wir euch nicht im Stich, damit auch wirklich an alles gedacht wird.

Tipp

Trotz der Aufgaben, die ihr nach der Hochzeit zu erledigen habt, solltet ihr euch auch Zeit nehmen, euren Start ins Eheleben gebührend zu feiern und zu genießen. Lasst euch also nicht zu sehr von eurer To-Do-Liste stressen.

Geschenkeliste

Falls ihr euch bei euren Gästen individuell für das jeweilige Geschenk bedanken wollt oder einfach den Überblick behalten möchtet, erstellt ihr am besten eine Liste eurer Geschenke.

Tipp

Eine Geschenkeliste kann euch auch dabei helfen, zu entscheiden, welche Geschenke eventuell zurückgegeben oder umgetauscht werden müssen.

Unsere Geschenke

Geschenk	Bekommen von

Geschenk	Bekommen von

Nach der Hochzeit

Hochzeitsfotos teilen

Eure Gäste sind sicherlich ganz wild darauf, die Fotos der Hochzeit zu sehen. Die meisten wollen dafür auch nicht erst ein paar Wochen warten, bis ihr ein Album zusammengestellt habt.

Viele Fotografen bieten aus diesem Grund häufig eine Online-Galerie mit den Bildern an. Gäste und Brautpaar können mit einem entsprechenden Passwort darauf zugreifen und sich die Bilder herunterladen.

Sollte euer Fotograf das aber nicht anbieten, könnt ihr zumindest die per Handy und Co. geschossenen Bilder bereits teilen. Richtet dafür am besten eine Chat-Gruppe mit allen Gästen ein, in die die Bilder geschickt werden können.

Gut zu wissen

Keine Lust auf 1.000 neue Nachrichten auf dem Handy? Auch kein Problem. Es gibt zahlreiche Apps, die auf Fotogalerien und Sammlungen spezialisiert sind. Eine davon ist zum Beispiel „imiji".

Dankeskarten verschicken

Was in eure Dankeskarten reingehört, haben wir euch bereits auf Seite 151 gesagt. Jetzt müsst ihr sie nur noch drucken lassen und natürlich auch verschicken.

Ihr könnt die Karten übrigens nicht nur an Freunde und Familie senden. Auch andere Gratulanten oder Dienstleister, die einen besonders guten Job gemacht haben, freuen sich über ein herzliches Dankeschön.

Namensänderung mitteilen

Hier gibt es nochmal eine separate Checkliste. Ihr müsst nämlich an einiges denken, falls ihr nach der Hochzeit einen anderen Namen tragt. Was ihr alles ändern (lassen) müsst und wer informiert werden sollte, findet ihr hier.

Checkliste: Namensänderung

- [ ] Klingelschild
- [ ] Briefkastenschild
- [ ] Personalausweis
- [ ] Reisepass
- [ ] Führerschein
- [ ] KFZ-Zulassungsbescheinigung (kein Muss)
- [ ] Krankenkasse
- [ ] Ärzte
- [ ] Banken
- [ ] Arbeitgeber
- [ ] Geschäftspartner
- [ ] Versicherungen
- [ ] Laufende Verträge (Telefon, Gas, Strom, Ratenzahlungen, etc.)
- [ ] Mieter/Vermieter
- [ ] Soziale Medien
- [ ] Vereine
- [ ] Versandhäuser (Amazon, Otto, Ebay, etc.)
- [ ] Sonstige Ausweise (Bibliotheksausweis, Organspendeausweis, etc.)

Tipp

Für eure Hochzeitsreise solltet ihr trotzdem euren alten Reisepass verwenden, falls die Reservierungen auf euren alten Namen laufen.

Gut zu wissen

Falls ihr vor eurer Hochzeit schon Kinder hattet, müssen die Namen in der Geburtsurkunde ebenfalls angepasst werden.

Banken und Konten

Häufig wird nach der Hochzeit ein gemeinsames Konto eingerichtet, auf das ihr beide Zugriff habt. Ihr könnt aber auch euer bereits bestehendes Konto für euren Partner freigeben, sodass er darauf zugreifen kann.

Gut zu wissen

Den Zugriff auf euer Konto solltet ihr eurem Partner deshalb gestatten, weil es andernfalls zu Problemen führen kann. Sollte ein Ernstfall eintreten, kann euer Partner rein rechtlich nämlich nicht darauf zugreifen. Das geht nur mit eurer ausdrücklichen, schriftlichen Erlaubnis.

Dienstleister bewerten

Bewertungen sind für die meisten nur als zusätzlicher Aufwand zu betrachten. Für die Dienstleister kann eine ehrliche Bewertung aber sehr hilfreich sein! Und zukünftigen Brautpaaren auf der Suche nach Anbietern könnt ihr damit auch weiterhelfen.

Sicher habt ihr euch auch ein paar Referenzen durchgelesen, bevor ihr euch für einen Dienstleister entschieden habt, oder? Nehmt euch also die fünf Minuten.

After-Wedding-Shooting

Viele Paare können oder wollen am Tag ihrer Hochzeit kein ausgiebiges Paarshooting machen lassen. Aber danach findet ihr sicher nochmal die Zeit dafür! So könnt ihr euch entspannt auf das Shooting konzentrieren und habt nicht eure wartenden Gäste im Hinterkopf.

Tipp

Ihr könnt euer After-Wedding-Shooting natürlich auch in eure Flitterwochen verlegen. So habt ihr nicht nur schöne Bilder von euch im Hochzeits-Outfit, sondern auch von eurer Hochzeitsreise.

Hochzeitsalbum

In einem Hochzeitsalbum könnt ihr noch einmal separat alles sammeln, das euch an eure Hochzeit erinnert. Dazu gehören nicht unbedingt nur Fotos. Ihr könnt auch eine eurer Einladungen dazulegen, das Muster der Dankeskarte, eure Gelöbnisse oder Ähnliches.

Tipp

Auch eure Eltern oder Großeltern freuen sich bestimmt über ein Album. Falls sie euch zum Beispiel bei der Planung und Umsetzung eurer Feier unterstützt haben, könnt ihr euch damit noch einmal bedanken.

Testament anpassen

Falls ihr schon ein Testament habt, in dem euer Partner aber noch nicht erwähnt wird, solltet ihr es jetzt anpassen. Das ist zwar kein Thema, mit dem ihr euch gerne befassen werdet, darum gekümmert werden, sollte sich aber trotzdem.

Also lieber direkt angehen und abhaken!

Patientenverfügung

Auch dieses Thema wird oft beiseitegeschoben und verdrängt. Dabei sollten nicht nur verheiratete Paare eine Patientenverfügung erstellen, sondern prinzipiell jeder.

Falls ihr noch nie davon gehört habt, ist hier eine kleine Zusammenfassung.

Im Normalfall sind Ärzte dazu verpflichtet euch am Leben zu halten. Egal wie, und egal wie lange. Das „Schlimme“ daran: euer Partner oder eure Familie kann dabei nicht über die Maßnahmen entscheiden. Auch ihr selbst habt dabei nicht unbedingt ein Mitspracherecht.

Mit einer Patientenverfügung könnt ihr euren Liebsten und euch selbst aber das Recht einräumen, selbst zu entscheiden, was im Falle des Falles mit euch passieren soll oder wer darüber entscheiden darf.

Die Verfügung könnt ihr ganz individuell anpassen und so viele Klauseln vermerken, wie ihr möchtet. Zahlreiche Vorlagen findet ihr im Netz.

Gut zu wissen

Eine Patientenverfügung kann erstellt werden, sobald ihr volljährig seid. Leider kümmern sich aber viel zu wenige um ein solches Dokument. Informiert also auch eure Liebsten darüber und verhelft ihnen so zu mehr Entscheidungsfreiheit.

Hochzeitsreise

Nach der Hochzeit wird vor allem eins: geflittert.

Vielleicht habt ihr euch ja vor der Hochzeit schon um eine Traumreise gekümmert, aber auch nach der Hochzeit könnt ihr das problemlos noch tun.

Wir haben die Hinweise, mit denen eure Reise ein garantierter Erfolg wird.

Kosten

Ja, das leidige Thema Geld ist auch nach der Hochzeit nicht verschwunden. So eine Hochzeitsreise will schließlich auch bezahlt werden.

Aber jetzt die gute Nachricht: viele Anbieter haben extra Honeymoon-Angebote.

Und nach denen solltet ihr auch suchen. Informiert euch am besten frühzeitig, dann erhaltet ihr die besten Angebote.

Tipp

Bei Vorlage der Heiratsurkunde (Kopie) gibt es manchmal auch Geschenkkörbe, gratis Massagen oder extra Rabatte zu ergattern.

Reisezeitraum

Egal, wo es hingehen soll: bedenkt das Klima. Wenn ihr eure Hochzeitsreise direkt oder zumindest kurz nach der Hochzeit starten möchtet, seid ihr schonmal an einen Zeitraum gebunden.

Wenn es euch Richtung Meer und Strand zieht, wäre es natürlich schön, eine Zeit abzupassen, in der auch geschwommen werden kann und nicht gerade Schnee fällt. Die Nordsee im November ist dafür nicht ideal.

Falls ihr eine Hochzeit im späten Herbst oder Winter hattet, kann es auch in Spanien schon nicht mehr so schön sein. Aber Achtung: Die Erde hat eine Südhalbkugel. In Australien zum Beispiel ist während des Winters in Deutschland gerade Hochsommer.

Ihr könnt also zu jedem Zeitpunkt ein Ziel finden, das zu euren Wünschen passt.

Gut zu wissen

Auch wenn das Klima mehr oder weniger gleichbleibt, sind bestimmte Zeiten zu beachten. Regen- oder Trockenzeiten für bestimmte Regionen könnt ihr ganz einfach im Netz herausfinden.

Tipp

Es gibt natürlich Reiseziele, die zu den meisten Jahreszeiten klimastabil sind. Falls ihr aber einen bestimmten Ort ins Auge gefasst habt, informiert euch vorab auch über Wetter und Klima.

Was wollt ihr erleben?

Ist euch egal, ob ihr ans Meer, in den Dschungel oder die Wüste reist? Dann solltet ihr euch bei eurer Wahl auf das konzentrieren, was ihr in eurem Urlaub erleben möchtet.

Vielleicht möchtet ihr den klassischen Strand- oder Wellnessurlaub: ausspannen, euch vom Stress des Alltags entfernen und euren gemeinsamen Start ins Eheleben genießen? Dann ab nach Hawaii.

Das ist euch viel zu langweilig? Ihr könnt nicht nur im Hotel oder am Strand sitzen? Überlegt euch, was ihr noch machen könntet. Ein Städtetrip zum Beispiel ist auch spannend. Sucht euch eine Stadt, in der ihr beide noch nie gewesen seid und los geht's. Sightseeing, fremdes Essen, Entdeckungstour im Großstadt-Dschungel – alles ist möglich.

Tipp

Es muss auch nicht immer eine halbe Weltreise bei eurer Hochzeitsreise entstehen. Im Inland oder Regionen, die mit dem Auto zu erreichen sind, begegnen euch sicher auch schöne und interessante Erlebnisse!

Immer noch zu normal? Gut, dann muss wohl mehr Action ins Spiel gebracht werden. Wie wäre es dann mit einem Abenteuer-Urlaub? Ab in die Natur zum Wandern, eine Rucksack-Tour durch die Berge oder eine Fahrt auf der Segeljacht.

Macht, was euch gefällt!

Unser Reiseziel
Schon für ein Ziel entschieden? Tragt es ein!

____

____

Und das wollen wir dort erleben

____

____

____

____

____

____

Notizen